AF568981

Bibliografische Information der Deutschen Nationalbibliothek:
Die Deutsche Nationalbibliothek verzeichnet diese Publikation in der Deutschen Nationalbibliografie; detaillierte bibliografische Daten sind im Internet über www.dnb.de abrufbar.

3. aktualisierte Auflage

oekom – Gesellschaft für ökologische Kommunikation mbH
Goethestraße 28, 80336 München
+49 89 544184 – 200
info@oekom.de

Lektorat: Laura Kohlrausch, oekom verlag
Korrektorat: Maike Specht
Umschlaggestaltung: Esther Gonstalla | gonstalla.com
Satz und Infografik: Esther Gonstalla
Druck: AZ Druck und Datentechnik, Kempten

978-3-96238-348-0

DAS OZEAN BUCH

ALLES, WAS MAN WISSEN MUSS, IN 50 GRAFIKEN

von Esther Gonstalla

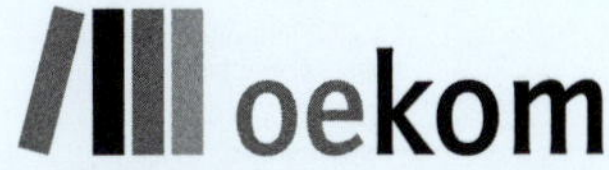

»
Welch große Bedeutung
die biologische Vielfalt im Meer hat,
war lange Zeit unklar.
Mittlerweile sind Wissenschaftler sich
einig, dass sie die Meeres-Ökosysteme
stabilisiert und leistungsfähig hält.
Zudem macht sie Lebensräume
widerstandsfähiger gegenüber von außen
erzwungenen Änderungen.
Doch das stabilisierende Artengefüge
wird durch Überfischung,
Klimaänderungen und Verschmutzung
immer stärker bedroht.
«

Prof. Dr. Hartmut Graßl,
Max-Planck-Institut für Meteorologie,
Hamburg

Die Meere – unverzichtbar für unsere Zukunft

Jeder Fußabdruck, den wir Menschen auf diesem Planeten hinterlassen – seien es Emissionen aus fossilen Energien, Abwässer aus der Industrie oder Landwirtschaft oder Plastikmüll – landet letztlich in unserem Ozean. Dort stören sie massiv das größte und gleichzeitig wichtigste Ökosystem auf diesem Planeten. Der Ozean ist nicht nur Ursprung allen Lebens, sondern auch unser mächtigster Verbündeter im Kampf gegen die Klimakrise. Doch viele Kipppunkte im Ozean sind bereits überschritten oder stehen gefährlich nahe davor.

Die weltgrößte Serie von Ozeankonferenzen in Nizza und Monaco 2025 hat mit aller Deutlichkeit gezeigt: Es geht nicht mehr um abstrakte Ziele in ferner Zukunft, sondern um akuten Notstand: Ozeanversauerung, Sauerstoffmangelzonen, der Kollaps mariner Nahrungsnetze, zunehmende Extremereignisse und der beschleunigte Meeresspiegelanstieg bedrohen bereits heute ganze Nahrungsketten, Küstenökosysteme, Fischereien und Millionen von Menschen. Die Wissenschaft ist sich einig: Ohne eine tiefgreifende Reduktion der CO_2-Emissionen bis spätestens 2030 und den sofortigen Schutz und die Wiederherstellung mariner Ökosysteme kann das Klimasystem nicht mehr stabilisiert werden. Das politische 1,5-Grad-Ziel ist bereits gerissen und für Korallenriffe und viele andere marine Lebensräume zählt jedes Zehntelgrad. Massive Hitzewellen zerstören überall im Ozean über Jahrmillionen gewachsene, gesunde Lebensgemeinschaften.

Trotzdem gelingt es uns nicht, schnell genug unser wunderbares über Jahrzehnte gewachsene Wissen in entschlossenes politisches, wirtschaftliches und gesellschaftliches Handeln zu übersetzen. Viele Ursachen dafür liegen in den strukturellen Verständigungslücken zwischen Wissenschaft, Politik, Wirtschaft und Gesellschaft – und in der Dominanz kurzfristiger Finanz- und Wirtschaftsinteressen. Der Ozean mit seinen weltgrößten und bedeutendsten Ökosystem- und Klimaschutzleistungen, seiner biologischen Vielfalt und seinen kulturellen wie wirtschaftlichen Werten verdient einen höheren Stellenwert wie Wälder oder Agrarflächen. Das sogenannte »Ocean-Climate Nexus« muss ins Zentrum globaler Politik rücken.

Die Deutsche Meeresstiftung setzt sich seit 2015 für den konstruktiven und lösungsorientierten Dialog zwischen Zivilgesellschaft, Forschung, Wirtschaft und Politik ein. Nur wenn wir unseren Ozean nicht länger ausbeuten, sondern partnerschaftlich behandeln, können wir als Menschheit überleben.

Der neue »European Ocean Pact«, den wir in Nizza vorgestellt haben, ist ein wichtiges Bekenntnis in die richtige Richtung – jetzt gilt es, diesen mit Leben zu füllen und europäische Standards für eine gerechte und nachhaltige Ozean-Governance global wirksam zu machen – und das vor Hintergrund, dass Europa mit 24,5 Millionen Quadratkilometer die weltgrößte exklusive Wirtschaftszone im Ozean besitzt.

Es braucht umfassendes Meeresbewußtsein – »Ocean Literacy« – das Verständnis für die komplexen Zusammenhänge zwischen unserem Verhalten an Land und der Gesundheit des Ozeans in allen Lebensbereichen schafft: Bildung, Konsum, Wirtschaft, Infrastruktur, Finanzen und Politik. Dieses Buch ist ein aktueller und vollständiger Beitrag dazu, wissenschaftliche Erkenntnisse für alle sichtbar, erlebbar und verstehbar zu machen – ein Appell, unser persönliches Verhalten so zu ändern, dass auch künftige Generationen noch eine lebenswerte blaue Erde vorfinden.

Foto: Wolfgang Köhler

Frank Schweikert, Juni 2025
Mitglied des EU Mission Board »Restore our Ocean and Waters«
Vorstand Deutsche Meeresstiftung

Quellen: EC (2025), IPCC (2019), WMO (2025)

Der Mensch...

Wir profitieren von den Meeren und machen sie uns zunutze, als:

Nahrungsmittel-Lieferant
Fisch, Algen und Muscheln stellen die Lebensgrundlage für viele Menschen dar.

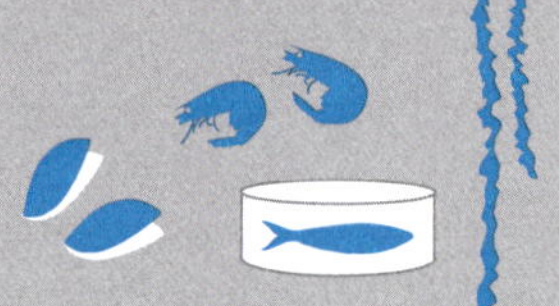

Armutsbekämpfer
In Entwicklungsländern ist Fisch oft die einzige erschwingliche Proteinquelle.

Energie- und Rohstofflieferant
Von Erdöl bis zur Nutzung von Offshorewindenergie.

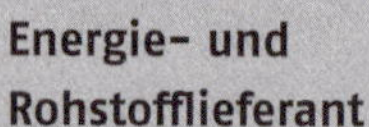

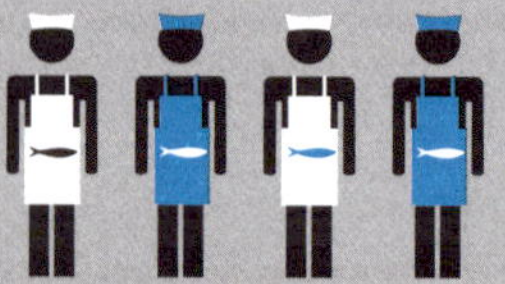

Arbeitgeber
61,8 Millionen Menschen waren 2023 in der Fischerei beschäftigt.

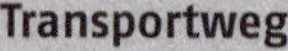

Transportweg
Mehr als 80 % aller Waren werden weltweit über die Meere transportiert.

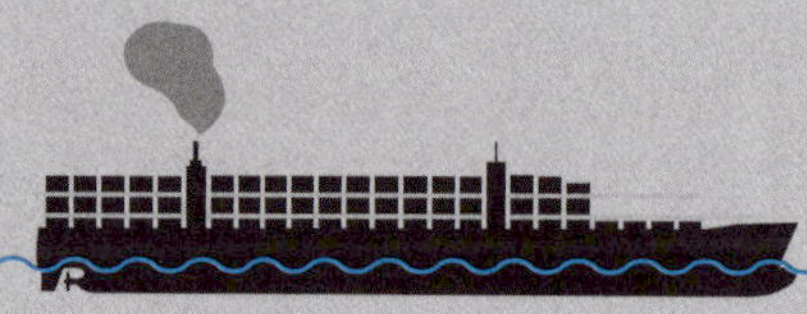

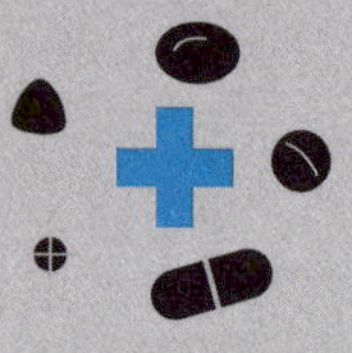

Medikamente-Lieferant
Aus dem Meer gewonnene Stoffe stellen die Grundlage für einige Medikamente dar.

Erholungsoase
Die Strände und Küstenregionen sind beliebtes Freizeit- und Urlaubsziel.

Wie der Mensch die Meere stetig bedroht:

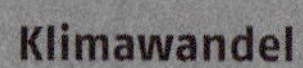

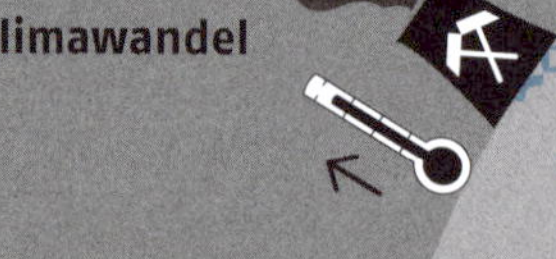

Klimawandel

Verschmutzung

Industrialisierung

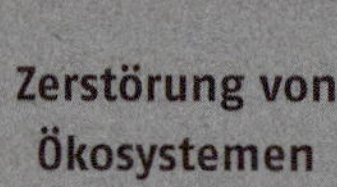

Zerstörung von Ökosystemen

Überfischung

...und das Meer

Wie wir zum Meeresschutz beitragen können:

Konsum ändern

Mehr Recycling, vermeiden von Einwegplastik

Weniger CO_2-Ausstoß

Nur nachhaltig gefangenen Fisch essen

Schutz 30 % Ziel

Mehr Schutzgebiete

Die Ozeane leisten einen großen Beitrag, sie sind:

Klimaregulator
In ständigem Austausch mit der Atmosphäre steuern sie Wetter und Klima.

Lebensraum
Sie schaffen biologisches Gleichgewicht durch komplexe Nahrungsketten.

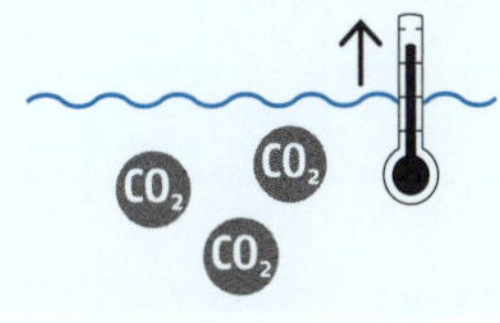

Klimaschützer
Sie erzeugen eine »Pufferwirkung« durch die Aufnahme von CO_2 und Wärmeenergie.

Sauerstoffversorger
Meerespflanzen und pflanzliches Plankton produzieren durch Photosynthese den Sauerstoff für alle Meereslebewesen.

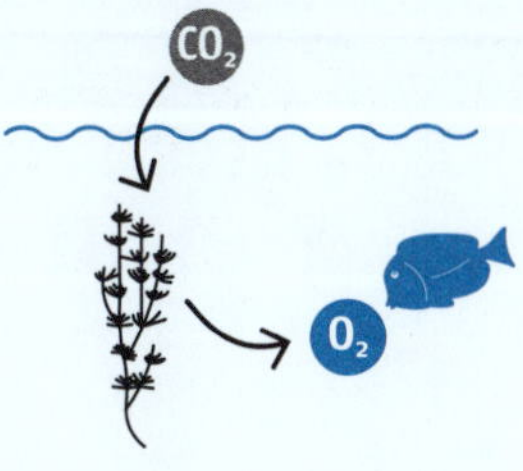

Stabilisator
Mithilfe von biologischer Vielfalt sorgen sie für stabile Ökosysteme.

Kinderstube
Korallenriffe beherbergen und schützen 25 % des Meereslebens auf nur 1 % der Meeresfläche.

Küstenschützer
Mangroven und Korallenriffe schützen die Küsten vor Erosion und Überschwemmungen.

Quellen: HBS (2017), FAO (2024), UNCTAD (2024), Gregroire et al. (2023), Gattuso et al. (2021)

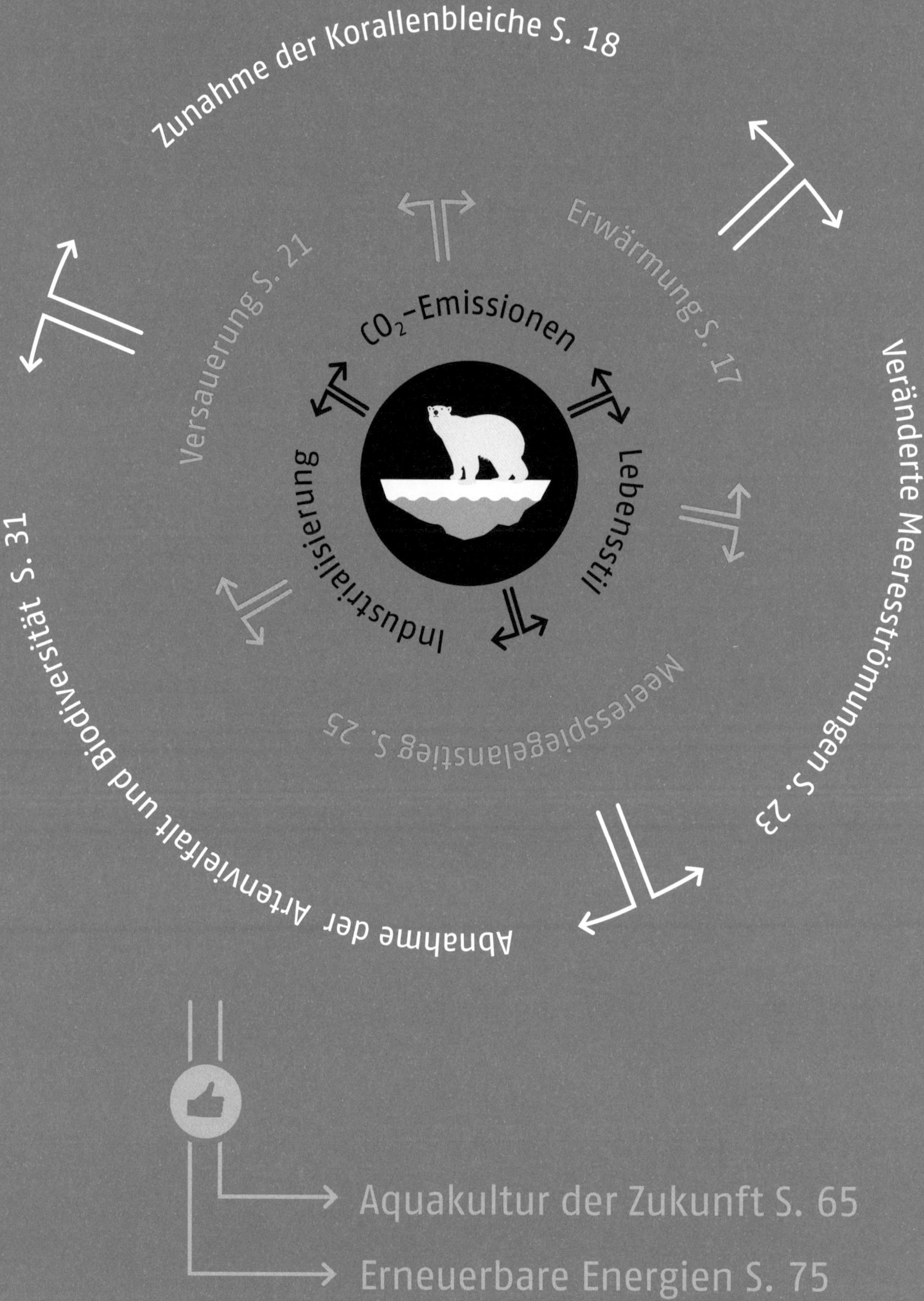

Zunahme der Korallenbleiche S. 18
Veränderte Meeresströmungen S. 23
Abnahme der Artenvielfalt und Biodiversität S. 31
Erwärmung S. 17
Versauerung S. 21
Meeresspiegelanstieg S. 25
CO_2-Emissionen
Lebensstil
Industrialisierung
Aquakultur der Zukunft S. 65
Erneuerbare Energien S. 75

Klimawandel

Wie tickt das Klima?

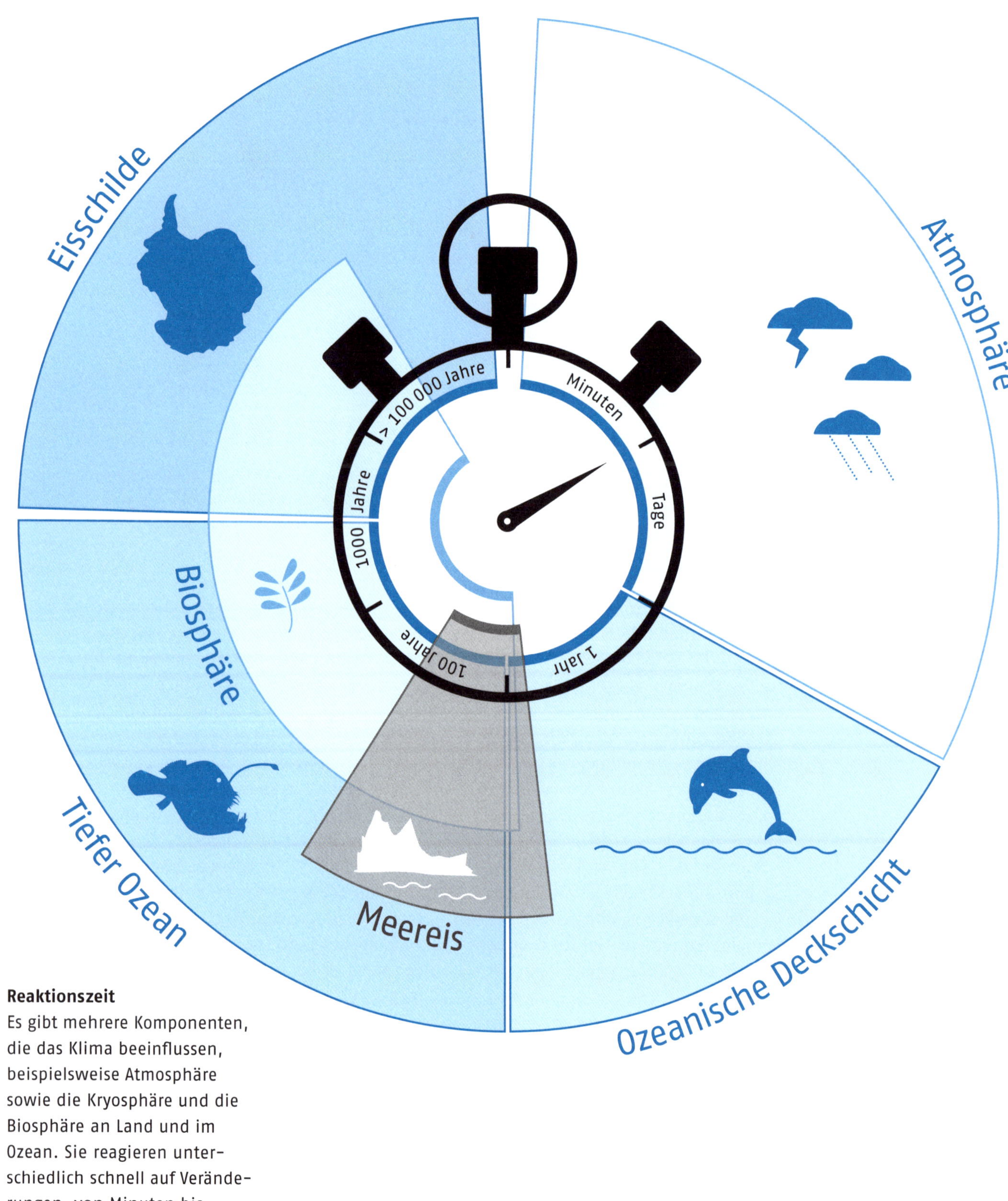

Reaktionszeit
Es gibt mehrere Komponenten, die das Klima beeinflussen, beispielsweise Atmosphäre sowie die Kryosphäre und die Biosphäre an Land und im Ozean. Sie reagieren unterschiedlich schnell auf Veränderungen, von Minuten bis zu Jahrmillionen.

Quellen: Jouzel et al. (2007), Maribus (2010), NASA (2015), 2° Institute (2025)

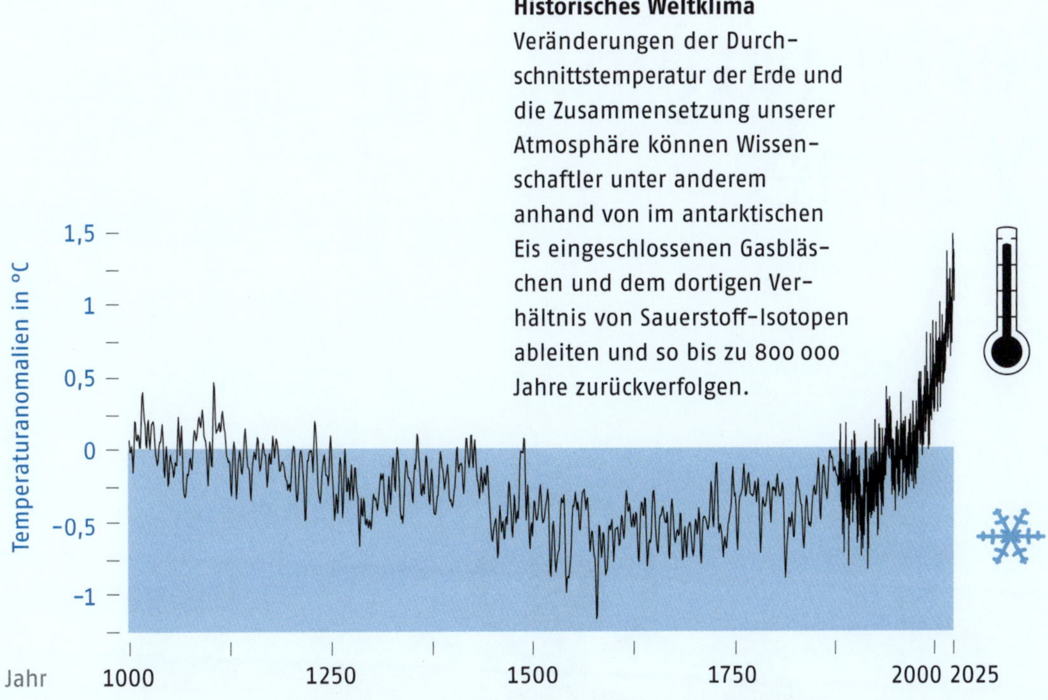

Historisches Weltklima
Veränderungen der Durchschnittstemperatur der Erde und die Zusammensetzung unserer Atmosphäre können Wissenschaftler unter anderem anhand von im antarktischen Eis eingeschlossenen Gasbläschen und dem dortigen Verhältnis von Sauerstoff-Isotopen ableiten und so bis zu 800 000 Jahre zurückverfolgen.

In seiner langen Geschichte hat sich unser Planet mehrmals erwärmt und wieder abgekühlt. Das Klima hat sich stetig verändert, durch subtile Veränderungen der Erdbahn um die Sonne, der Oberfläche, Atmosphäre und durch Schwankungen in der Sonnenintensität. Dabei ist der natürliche Treibhauseffekt – die kurzwellige Sonneneinstrahlung tritt durch unsere Atmosphäre ein, wird an der Erdoberfläche in langwellige Wärmestrahlung umgewandelt und in der Atmosphäre zum Teil wieder absorbiert – wichtig für unser Dasein auf der Erde, denn ohne ihn würden Minusgrade herrschen.

Doch seit dem Beginn der Industrialisierung und des massiven Ausstoßes von CO_2 und anderen Spurengasen im letzten Jahrhundert trägt der Mensch entscheidend dazu bei, dass sich die Erdoberfläche zusätzlich erwärmt. Je mehr menschengemachtes CO_2 in der Atmosphäre ist, desto mehr Wärmestrahlung bleibt »eingeschlossen«, was dazu führt, dass sich unser Planet wie in einem Treibhaus erwärmt. Wissenschaftler haben anhand von Eisbohrkernen aus der Antarktis die dortigen Temperaturanomalien der letzten 800 000 Jahre rekonstruiert. An ihnen und anhand anderer Klimaarchive können wir ablesen, dass sich das Klima momentan weit schneller erwärmt als bei historischen Erwärmungen.

Dieser Klimawandel hat gravierende Auswirkungen auf das Meer. Da die Oberfläche des Ozeans relativ dunkel ist, nimmt er viel Sonnenenergie auf. Mit seinen weltumspannenden, trägen Meeresströmungen speichert und transportiert er gigantische Mengen Wärme und CO_2. Der schnelle Anstieg des CO_2-Gehalts des Ozeans ist alarmierend, denn die daraus resultierende Versauerung kann dem Ökosystem, den Meeresbewohnern und den Riffen irreparabel schaden.

Das ozeanische Klima reagiert langsam auf Veränderungen des Treibhauseffektes: Die ozeanische Deckschicht, vom Wind durchmischt, reagiert innerhalb von Monaten bis Jahren, der Tiefe Ozean reagiert erst mit hundert oder tausend Jahren Verspätung, die Eisschilde in der Antarktis sogar erst mit einigen hundert bis Tausenden Jahren Verspätung. Einmal angestoßen, können Prozesse wie die Umkehrung der Meeresströmungen oder Eisschildschmelze vom Menschen also nicht mehr gestoppt werden – daher ist es wichtig, den weltweiten CO_2-Ausstoß so schnell wie möglich zu verringern.

Die Verteilung der Wärme

Die durch den Treibhauseffekt zusätzlich erzeugte Wärmeenergie wird aufgenommen von:

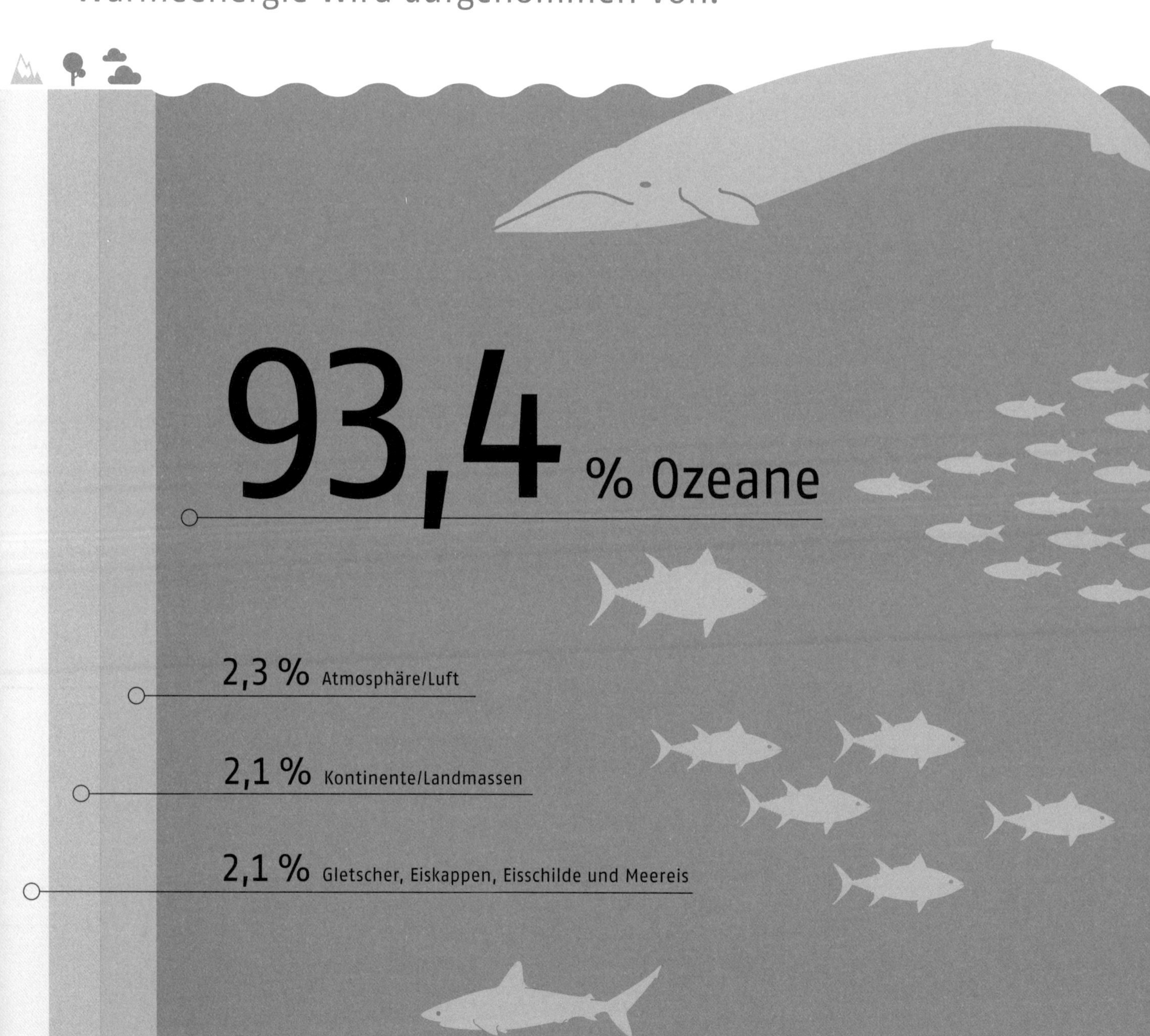

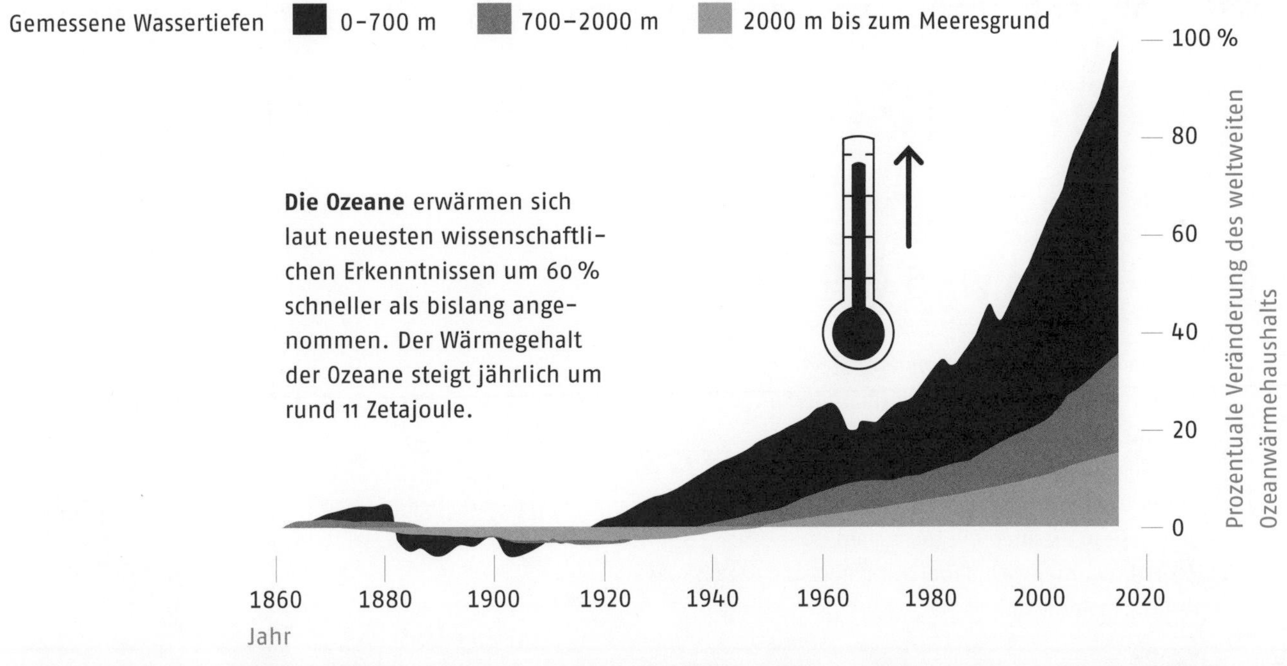

Die Ozeane erwärmen sich laut neuesten wissenschaftlichen Erkenntnissen um 60 % schneller als bislang angenommen. Der Wärmegehalt der Ozeane steigt jährlich um rund 11 Zetajoule.

Durch die Erderwärmung steigt langfristig auch die Temperatur des Meerwassers. Die wärmer werdende Flüssigkeit dehnt sich aus, was zu einem Anstieg des Meeresspiegels führt. Auch das Abschmelzen von Gletschern und Eisschilden trägt dazu bei, dass sich der Meeresspiegel erhöht – würden etwa sämtliche Eismassen in Grönland schmelzen, stiege der Wasserpegel im Durchschnitt um mindestens 7 Meter.

Forscher rechnen bis zum Jahr 2100 mit einem Anstieg des Meeresspiegels um 80–150 Zentimeter, das Abschmelzen der Eisschilde miteingerechnet. Allerdings lässt sich gerade dieses Abschmelzen nur schwer mit Computermodellen berechnen: Durch immer wärmer werdende Ozeane verändert sich die Dynamik der Eismassen, daher ist bislang unklar, wie schnell der Eisverlust an den Antarktischen Eisschilden fortschreiten wird. s. S. 82/83

525 Tage

dauerte die längste marine Hitzewelle (Nordatlantik 2022–23). Im gleichen Jahr wurden fast alle Ozeane von marinen Hitzewellen bedroht: 96%.

Folgen der Erwärmung

1 Der Ozean wird wärmer

Die Meeresoberflächentemperatur steigt durch den Klimawandel. Auch die tieferen Schichten werden wärmer, allerdings sehr viel langsamer. Im Verhältnis zu 1980 ist der Ozean heute (2020) um etwa ca. 0,6 Grad wärmer. Die tropischen Meere erwärmen sich dabei schneller als andere Regionen.

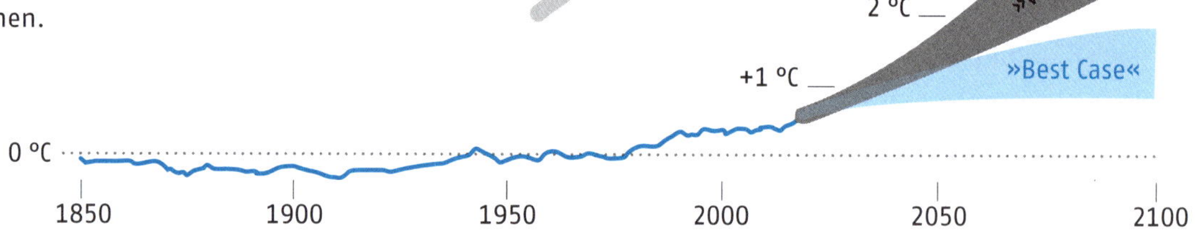

2 Die Biodiversität nimmt ab

Korallen gehen eine lebensnotwendige Symbiose mit bestimmten Algen, den Zooxanthellen, ein. Sie werden von der Alge ernährt und erhalten ihre Farbgebung von ihr.

Ab 1 Grad höherer Temperatur gerät die Alge in einen Schockzustand und produziert Gift statt Zucker. Die Koralle stößt die Alge daher ab und verliert damit ihre Farbe.

Als Folge verhungert die Koralle. Nach dem Tod setzt ein schädlicher Algen- und Schwammbewuchs ein, der eine Rückkehr der Zooxanthellen fast unmöglich macht.

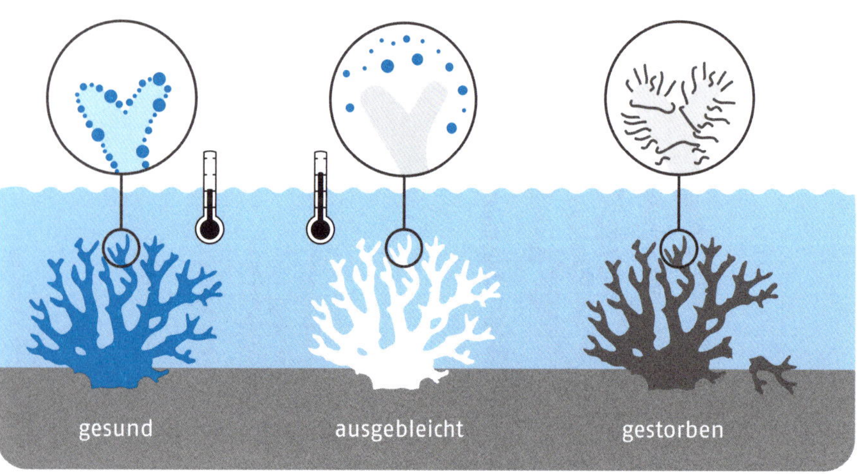

25 %

der Lebewesen im Ozean hängen direkt von den Korallenriffen ab.

Bisher gab es vier globale Korallenbleichereignisse. 2023–2025 war das Größte seit Beginn der Aufzeichnungen, es betrifft 84 % der Korallenriffe.

3 Viele Meereslebewesen verändern ihr Verhalten

Wenn das Wasser im Frühling wärmer ist als üblich, legen einige Fischarten ihre Eier früher ab. Die Nahrungsquellen der Larven sind dann aber eventuell noch nicht vorhanden, da Plankton stark sonnenlicht- und jahreszeitenabhängig ist. Die Folge: Larven verhungern, und die Fischpopulation sinkt.
Wenn die Wassertemperatur permanent ein höheres Niveau erreicht, wandern ganze Fischbestände in Richtung Pole in kühlere Gewässer.

Natürliche Signale wie das stärkere Sonnenlicht im Frühjahr oder das Ansteigen der Wassertemperatur im Sommer können der Auslöser für Fische sein, ihr Fress- oder Paarungsverhalten zu verändern. Der Klimawandel kann daher das natürliche Verhalten der Meerestiere und Ökosysteme aus dem Gleichgewicht bringen.

Invasive Arten breiten sich aus und verändern die Ökosysteme 4

Tropische pflanzenfressende Fischarten richten große Schäden an, beispielsweise der »Kaninchenfisch«, der durch den Sueskanal ins wärmer werdende Mittelmeer eingewandert ist. Als Nahrung dienen ihm die heimischen Kelp- und Algenwälder, die kahl gefressen werden. Das verändert nicht nur den Lebensraum, sondern auch das Verhalten der heimischen Fische.

Quellen: ARC (2016), IPCC (2021), Neuheimer et al. (2015), NOAA (2025), Vergers et al. (2014), XL Catlin (2016)

Steigender Säuregehalt

650 000 Jahre pendelte der CO_2-Wert in der Atmosphäre unter 300 ppm, dann kam die industrielle Revolution.

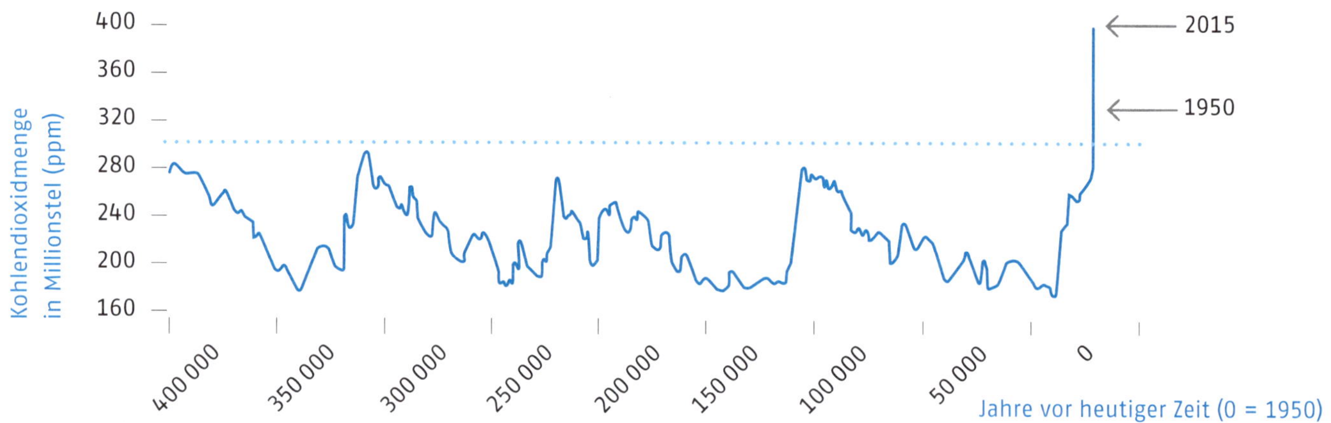

Der Kohlenstoffdioxidgehalt (CO_2) der Atmosphäre und damit auch der Ozeane steigt seit der Industrialisierung stetig an – da der Mensch seitdem große Mengen fossiler Stoffe verbrennt und Waldrodungen im großen Stil betreibt. Der CO_2-Anstieg im Ozean geht seither weit schneller vonstatten als in den letzten 60 Millionen Jahren. Der pH-Wert des Meerwassers ist seit 1950 von 8,2 auf 8,1 abgesunken, der Säuregehalt ist also um ca. 30 % höher. Es wird geschätzt, dass er bei stetig steigenden CO_2-Emissionen bis 2100 auf 170 % ansteigt.

Meerwasser ist generell basisch, der Säuregehalt steigt nur an, wenn Kohlenstoffdioxid auf Wasser trifft und sich zu einem gewissen Teil zu Kohlensäure verbindet. Meerespflanzen wie Algen nehmen den im Wasser gelösten Kohlenstoff auf und wandeln ihn durch Photosynthese in Zucker und Stärke um. Auch Quallen profitieren von dem höheren CO_2-Gehalt: Sie wachsen dadurch schneller. Wenn allerdings die Menge des im Ozean gelösten CO_2 den pH-Wert weiter sinken lässt, werden Korallenriffe und einige wirbellose Meereslebewesen beeinträchtigt, da ihr überlebenswichtiger Kalkbildungsprozess geschwächt wird: Wie sich das gesamte Ökosystem Ozean bei weiter sinkendem pH-Wert verhalten wird, kann man heute noch nicht abschätzen, da bisher noch nicht genügend Langzeitstudien durchgeführt wurden.

Quellen: IGBP, IOC, SCOR (2013), Maribus (2010), CC (2010), NOAA (2020)

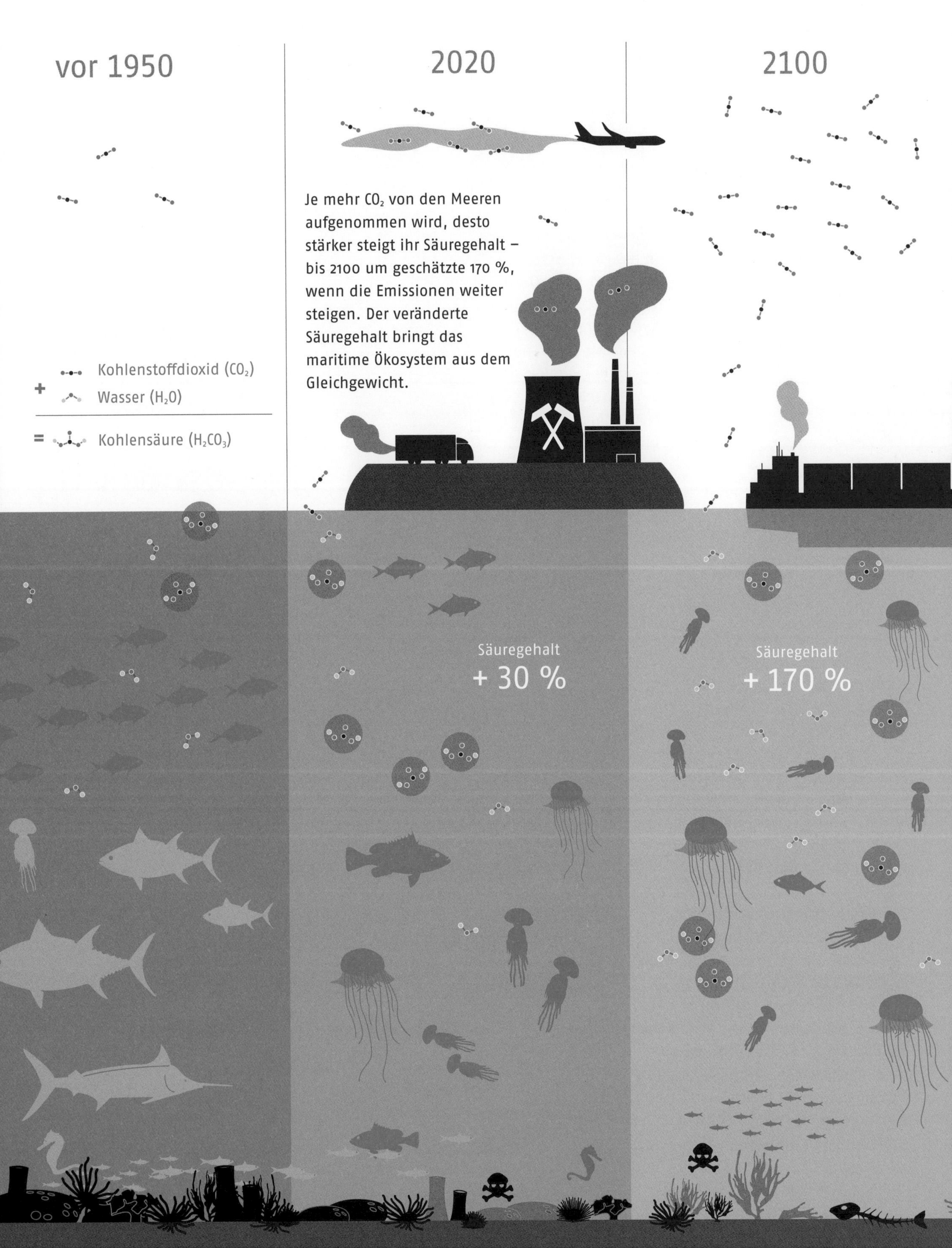
vor 1950
2020
2100
Je mehr CO_2 von den Meeren aufgenommen wird, desto stärker steigt ihr Säuregehalt – bis 2100 um geschätzte 170 %, wenn die Emissionen weiter steigen. Der veränderte Säuregehalt bringt das maritime Ökosystem aus dem Gleichgewicht.
Kohlenstoffdioxid (CO_2)
+ Wasser (H_2O)
= Kohlensäure (H_2CO_3)
Säuregehalt
+ 30 %
Säuregehalt
+ 170 %

Meeresströmungen in Aufruhr

Grönlands Eisschilde schmelzen schneller als erwartet. Sommerliches Schmelzwasser wird in riesigen Flüssen unter dem Eis Richtung Ozean transportiert. Gletscher kalben, und Eisberge schmelzen im offenen Ozean. Das Resultat sind eine Beschleunigung des Meeresspiegelanstieges und ein Rückgang des Salzgehaltes im Nordmeer.

Mehr Niederschlag in Polarregionen, verursacht durch den Klimawandel, reduziert den Salzgehalt des Ozeans und damit die Oberflächendichte.

● warmes Salzwasser
○ kaltes Salzwasser
● kaltes Süßwasser

100 m

Eisschilde bestehen aus Süßwasser. Dieses ist leichter als das dichtere Salzwasser des Ozeans. Je mehr Süßwasser sich durch schmelzende Eisschilde mit dem Salzwasser vermischt, desto mehr wird die Absinkgeschwindigkeit verlangsamt.

Das warme Oberflächenwasser aus dem Süden kühlt nahe Grönland im Konvektionsgebiet ab, wobei es durch die höhere Dichte (Salzgehalt) schnell in die Tiefe sinkt. Dieses Phänomen wirkt wie eine riesige Umwälzpumpe.

Die Umwälzbewegung im Atlantik (AMOC) zeigt bereits Zeichen einer Verlangsamung und wird in diesem Jahrhundert voraussichtlich noch schwächer. Eine schwächere AMOC-Zirkulation trägt in dem komplexen Klimasystem dazu bei, Klimaveränderungen wie Extremwetter, Dürren und Überflutungen zu

3000 m

Salzhaltiges Wasser ist schwerer und sinkt dadurch schneller ab als das leichtere mit Süßwasser geschmolzener Gletscher vermischte Wasser.

Die thermohaline Zirkulation

... auch »das Förderband« genannt, ein komplexes Netz aus Oberflächen-, Tiefen- und Bodenströmungen, angetrieben durch Temperatur- und Salzgehaltsunterschiede sowie Winde. Die thermohaline Zirkulation treibt beispielsweise den Golfstrom an, wenn er als Nordatlantikstrom Richtung Island fließt.

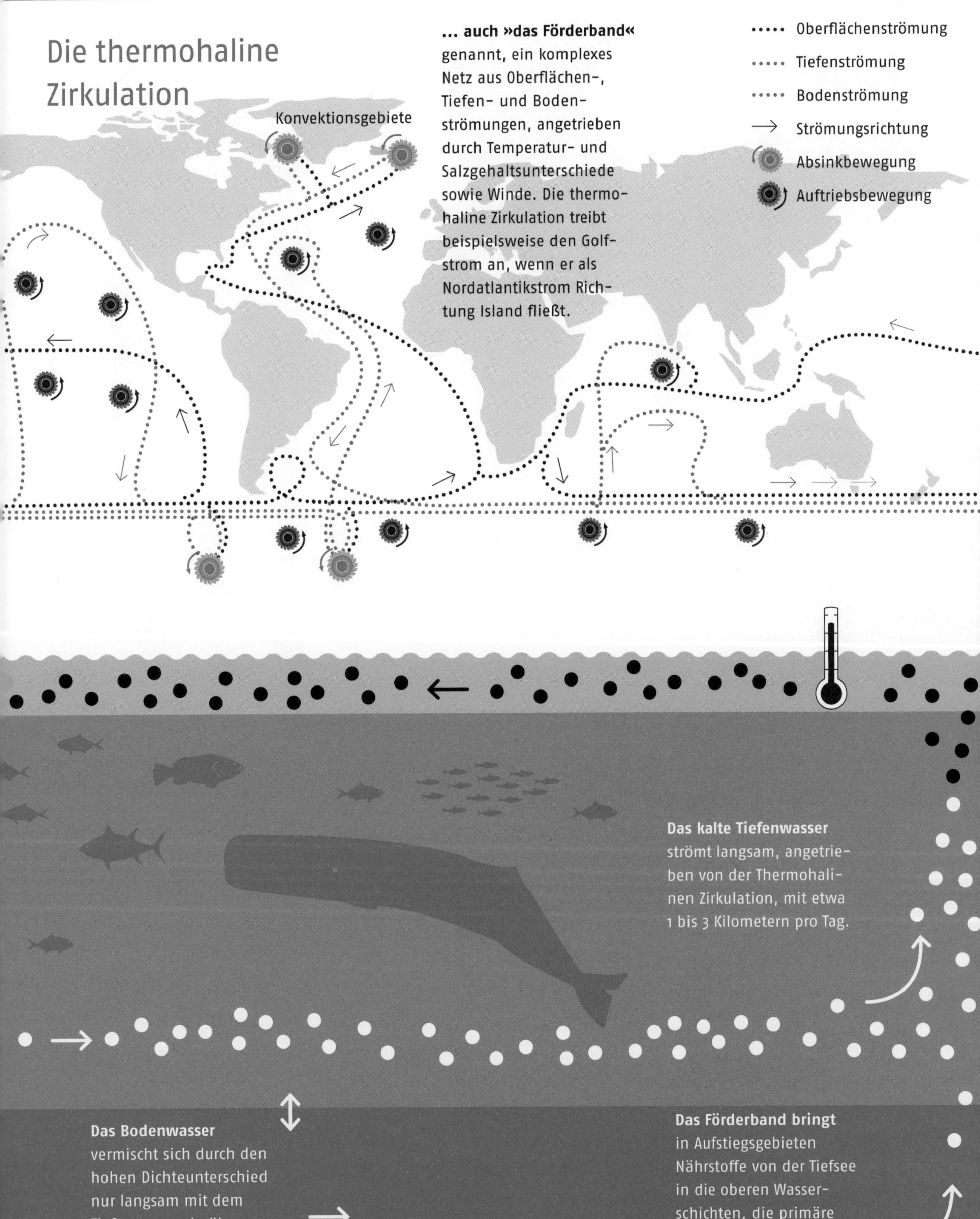

Das kalte Tiefenwasser strömt langsam, angetrieben von der Thermohalinen Zirkulation, mit etwa 1 bis 3 Kilometern pro Tag.

Das Bodenwasser vermischt sich durch den hohen Dichteunterschied nur langsam mit dem Tiefenwasser darüber.

Das Förderband bringt in Aufstiegsgebieten Nährstoffe von der Tiefsee in die oberen Wasserschichten, die primäre Nahrungsgrundlage für fast alle Lebewesen im Ozean.

Quellen: Maribus (2010), NASA (2012), Rahmstorf (2015), Srokosz et al. (2023)

Steigender Meeresspiegel

Der Meeresspiegel ist seit der letzten Eiszeit vor allem durch Schmelzwasser um rund 125 Meter angestiegen. Im letzten Jahrhundert hat sich mit dem Anstieg der Durchschnittstemperatur auf der Erde auch der Ozean erwärmt und als Folge ausgedehnt. Gletscher und Eisschilde schmelzen mit alarmierender Geschwindigkeit, und das dabei entstehende Süßwasser läuft über Flüsse in die Meere.

Der 12 000 Jahre währende Schmelzprozess, der am Höhepunkt der letzten Eiszeit vor 21 000 Jahren begonnen hat und dann 6000 Jahre stagnierte, wird vom menschengemachten Klimawandel nun verstärkt wieder aufgenommen. Industrieländer wie die Niederlande wappnen sich schon seit Jahren mit teuren Dämmen und Überflutungssystemen gegen den Anstieg des Meeresspiegels, in ärmeren Teilen der Welt werden Milliarden Menschen zur Flucht ins Landesinnere gezwungen sein. Aktuell (2025) werden järhlich mehr als 21 Mio. Menschen vertrieben.

Bei weltweit gleichbleibendem Anstieg des CO_2-Ausstoßes würde der globale Meeresspiegel in 300 Jahren bis zu fünf Meter über dem jetzigen Stand liegen.

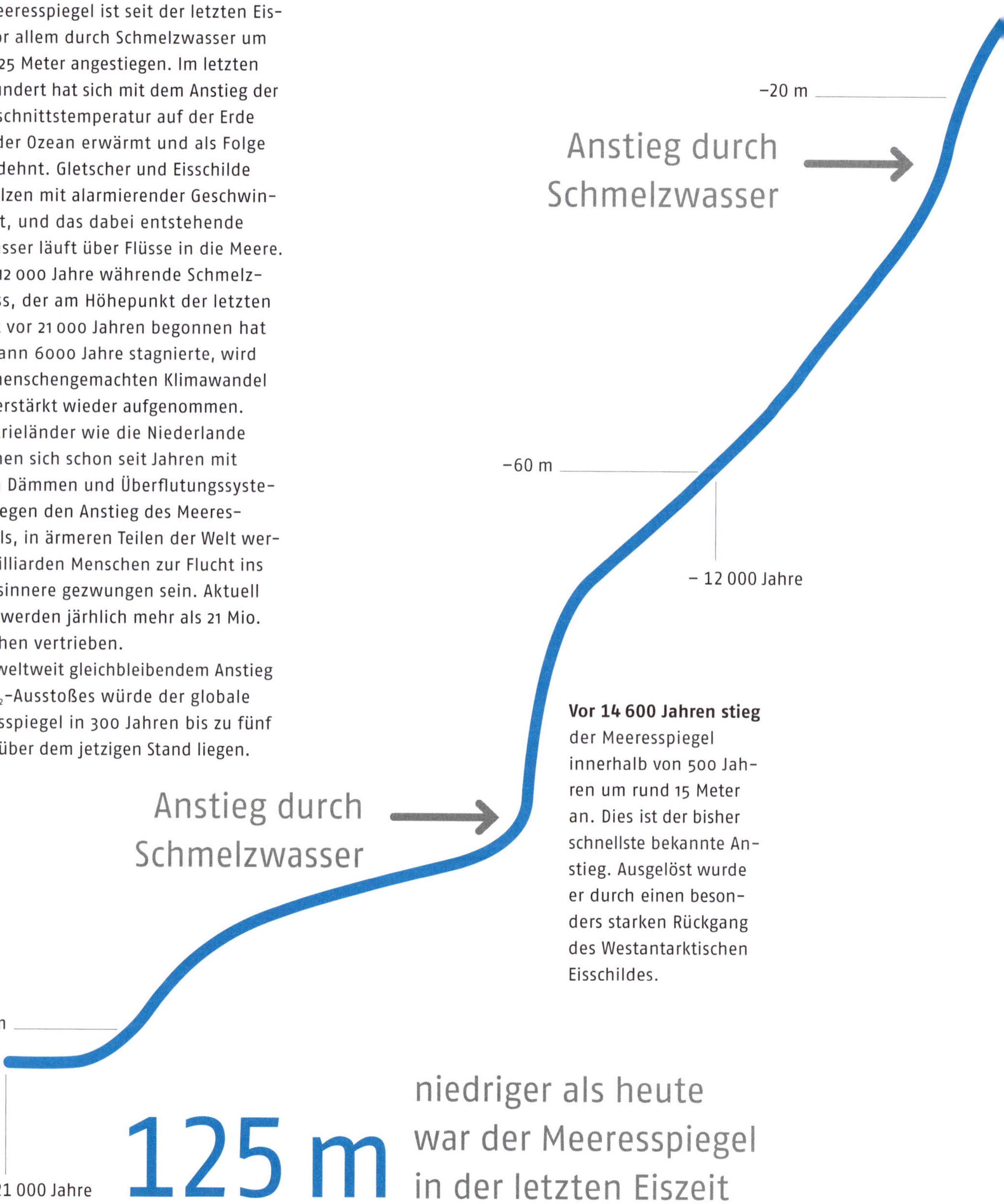

Vor 14 600 Jahren stieg der Meeresspiegel innerhalb von 500 Jahren um rund 15 Meter an. Dies ist der bisher schnellste bekannte Anstieg. Ausgelöst wurde er durch einen besonders starken Rückgang des Westantarktischen Eisschildes.

125 m niedriger als heute war der Meeresspiegel in der letzten Eiszeit

Quellen: IPCC (2021), Maribus (2010), Vermeer & Rahmstorf (2009), Siegert et al. (2020), Slater et al. (2021)

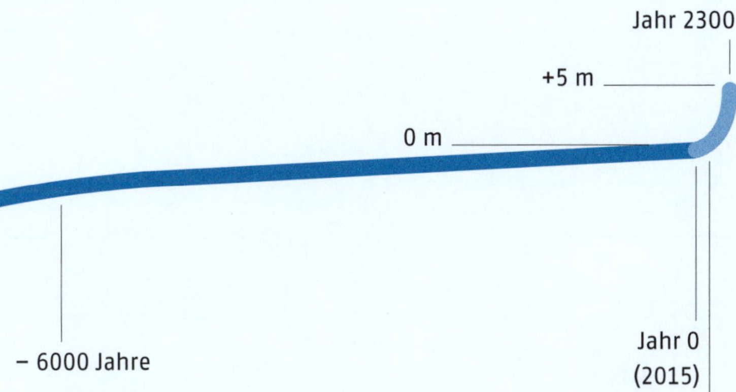

In
300 Jahren
könnte der Meeresspiegel bis zu 5 m höher liegen

Seit
6000 Jahren
ist der Meeresspiegel nahezu konstant

Jahr 2100

240
220
200
180
160
140
120
100
80
60
40
20
0

Prognosen des Meeresspiegelanstiegs in cm (bis zum Jahr 2100)

Prognose bei schnellerem Kollaps der Eisschilde

IPCC-Szenario »Worst Case« **(SSP5)**

IPCC-Szenario »Best Case« **(SSP1)**

35 %

trägt die Erwärmung des Ozeans bzw. seine Ausdehnung zu höheren Pegelständen bei (2006–2018).

Die große Ungewissheit in den Prognosen zum Meeresspiegelanstieg liegt darin, dass wir nicht genau wissen, wie schnell die Eismassen der Antarktis und Grönlands schmelzen.

Die fünf Klimaszenarien des Weltklimarats (IPCC), die »gemeinsamen sozioökonomischen Entwicklungspfade« (SSPs), sagen den Meeresspiegelanstieg bei unterschiedlichen Entwicklungen voraus: Im besten Fall (SSP1) halbieren wir unsere Emissionen bis 2041, landen 2050 bei »Net Zero« und ziehen dann bis 2100 mehr Emissionen aus der Atmosphäre, als wir hinzufügen. Dann würde sich die Erde bis 2100 nur um 1,4 Grad erwärmen. Im schlimmsten Fall (SSP5) setzen wir weiterhin auf fossile Energien, und die Emissionen verdreifachen sich bis 2100, was zu einem Temperaturanstieg von 4,4 Grad führen würde.

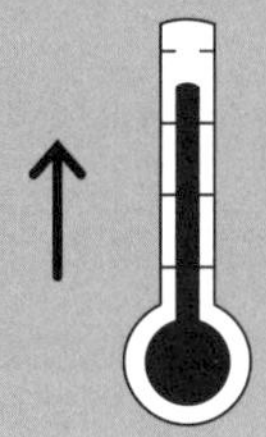

»

Aufgrund der zunehmenden

CO_2-Emissionen

verwandeln wir Menschen das Klima

auf unserem Planeten

in noch nie da gewesener Weise.

Der Ozean der Zukunft

wird wärmer und saurer sein,

mit verheerenden Auswirkungen auf

Korallenriffe und die gesamte

marine Nahrungskette und Artenvielfalt.

Die Zeit der Verhandlungen

ist vorbei.

Die Zeit der Handlungen

ist längst überfällig.

«

Prof. Dr. Axel Timmermann,
Director of the ICCP, University of Busan,
South Korea

Ursachen → direkte Folgen → indirekte Folgen → Lösungsansätze

Verlust der biologischen Vielfalt

Marine Biodiversität

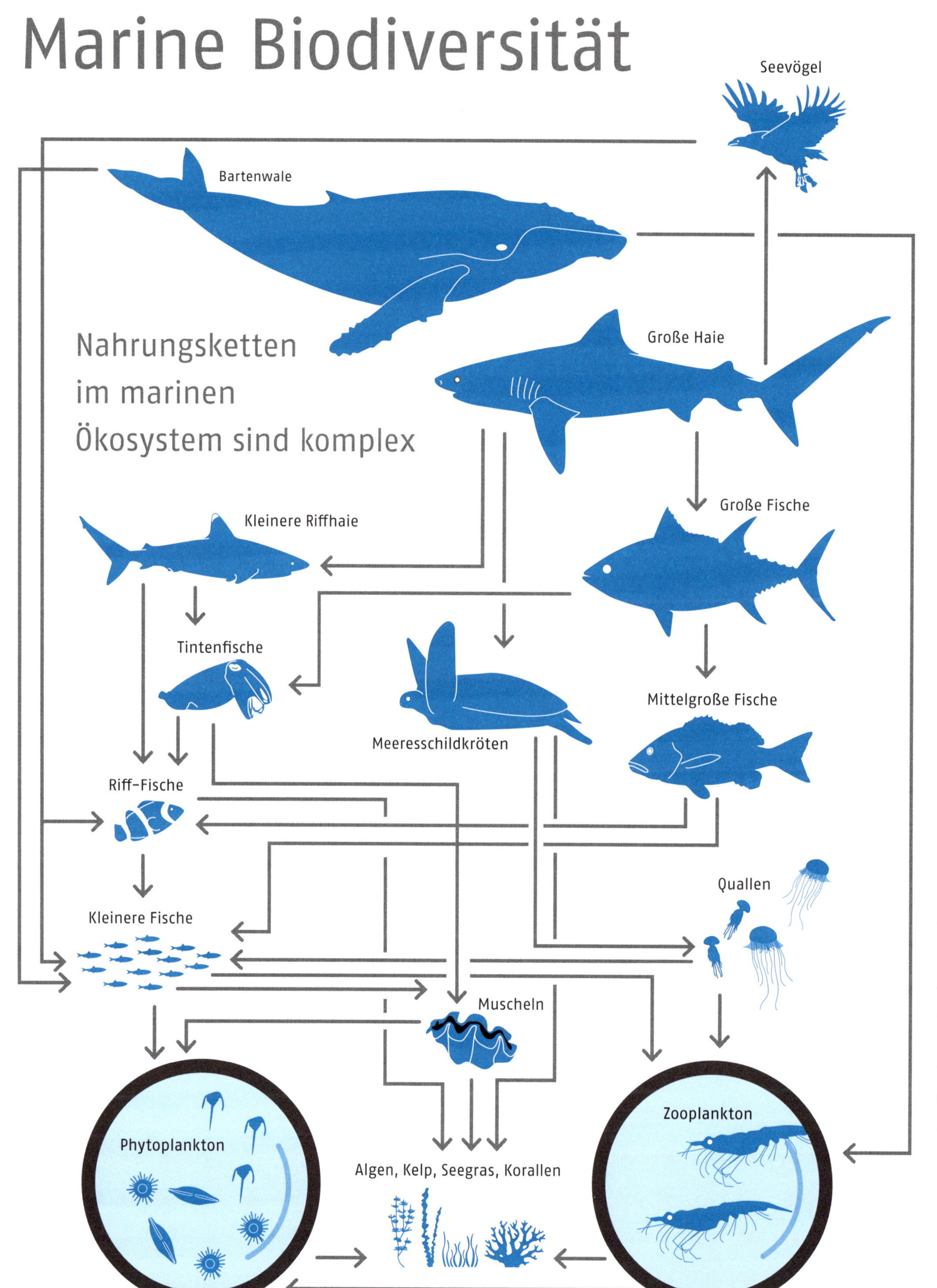

Quellen: Kieneke et al. (2015), maribus (2010), Mittermeier et al. (2011), Pauly et al. (1998), Poulsen et al. (2016), William et al. (2016)

Weltweit werden pro Tag durchschnittlich 3 neue Arten entdeckt

Bauchhärling
Endeckt: 2015
Größe: 450 µm
Lebensraum: Sedimente

Mirrorbellies
(im Dunkeln leuchtend)
Endeckt: 2016
Größe: 6,5 cm
Lebensraum: Tiefsee

Brianne's groppo
Endeckt: 2016
Größe: 9 cm
Lebensraum: Riffe

Unsere Meere beheimaten unzählige Tier- und Pflanzenarten. Täglich werden neue Mitglieder des uns noch so unbekannten Ökosystems entdeckt. Im Ozean leistet jede einzelne Art, vom pflanzlichen Plankton bis zum Hai, seinen unerlässlichen Beitrag im Ökosystem. Die Verringerung oder Veränderung nur eines Komponenten hat negative Auswirkungen auf die gesamte Ökosystemleistung.

Gerade deshalb ist die rapide Abnahme der marinen Biodiversität sehr bedenklich: Seit dem Zeitalter der Industrialisierung hat sich die Artenvielfalt in einigen Gebieten um ganze 65 bis 90 Prozent vermindert. Der Grund ist die Zerstörung vieler mariner Lebensräume durch den Menschen – mit Grundschleppnetzen wird der Meeresboden durchpflügt, Küstenfeuchtgebiete werden durch Überdüngung und Bebauung zerstört und unser Plastikmüll reicht bis in die entlegensten Gebiete der Weltmeere. Die Konsequenzen sind fatal: die Anpassungsfähigkeit in Zeiten des Klimawandels und die Produktivität von Ökosystemen nimmt mit jeder weiteren ausgerotteten Art weiter ab.

Intensität der Artenvielfalt

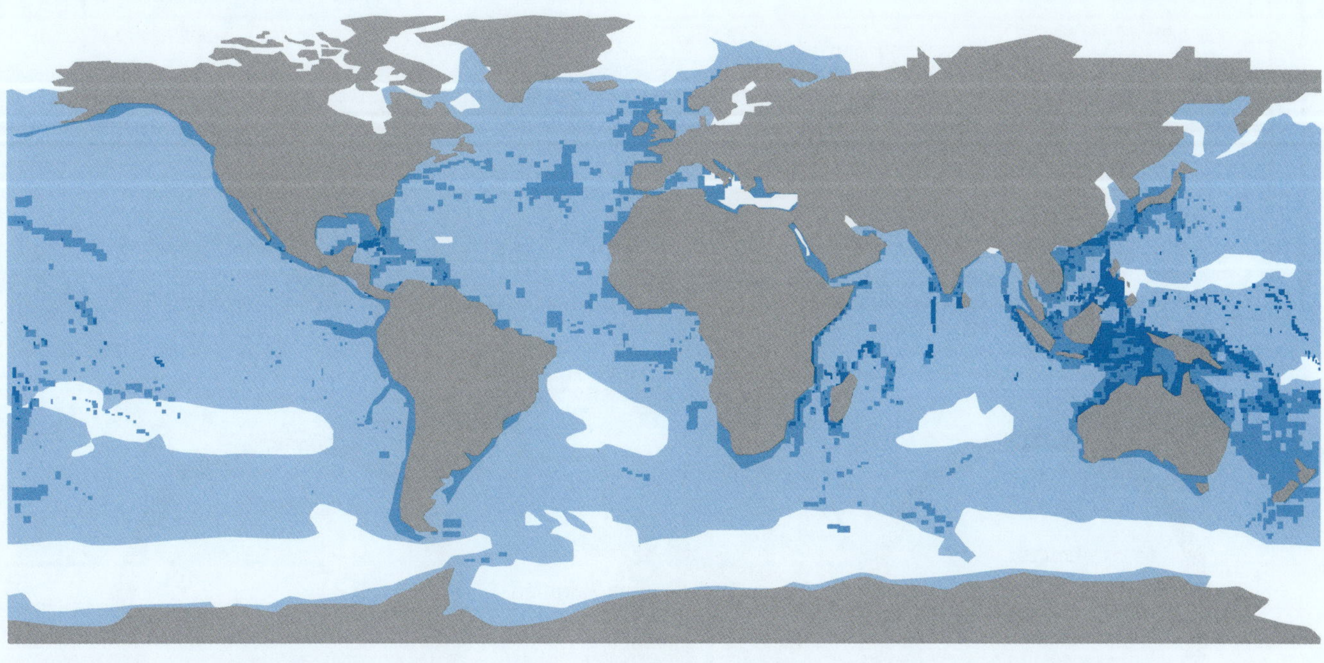

Artenvielfalt ■ sehr hoch (3364–8290*) ■ hoch (554–3363) ■ mittel (92–553) □ niedrig (1–91)

*Artenanzahl pro 0,5 Grad Längen- und Breitengrad

Auf der Roten Liste

(durch Überfischung und Beifang)

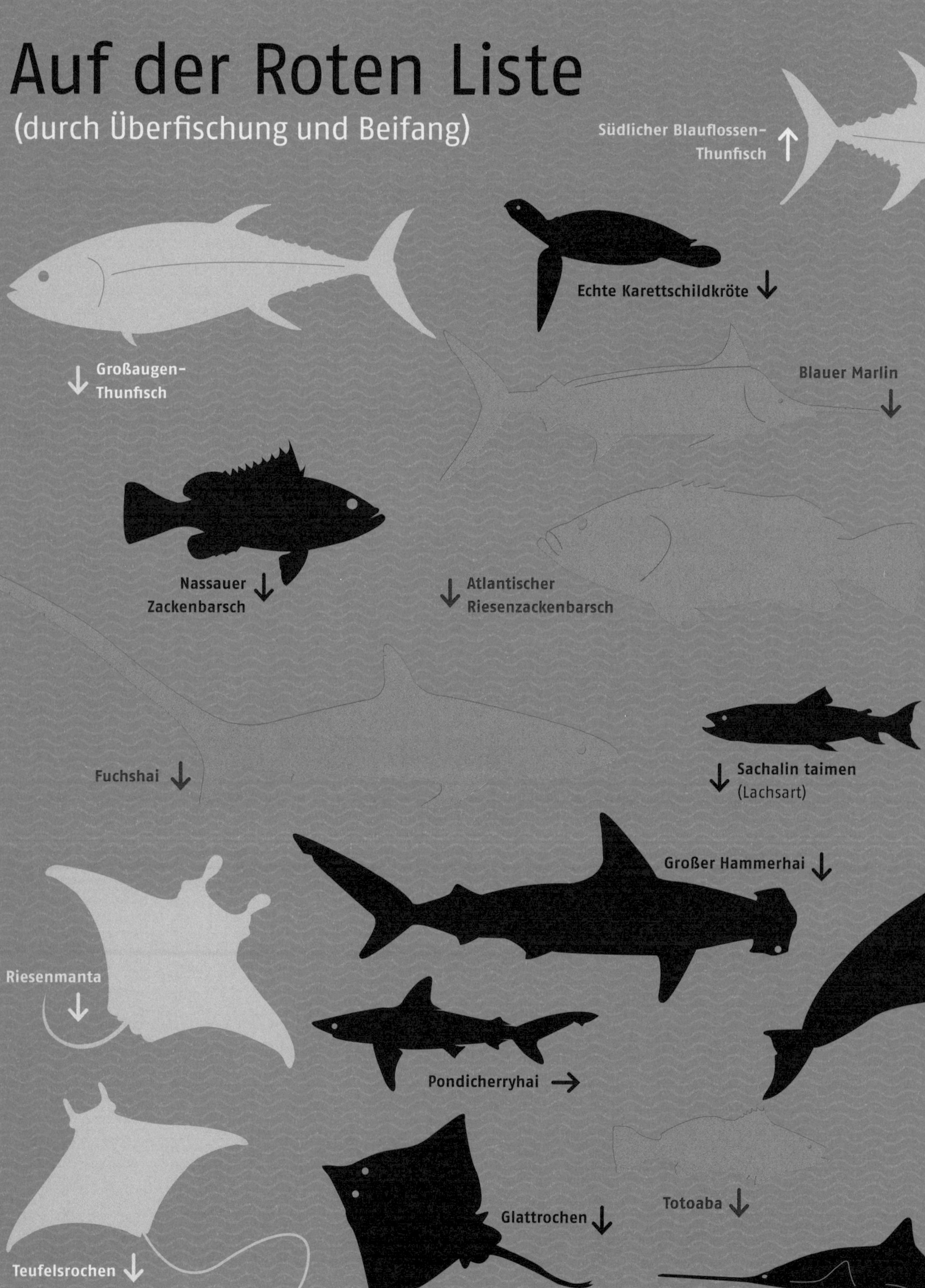

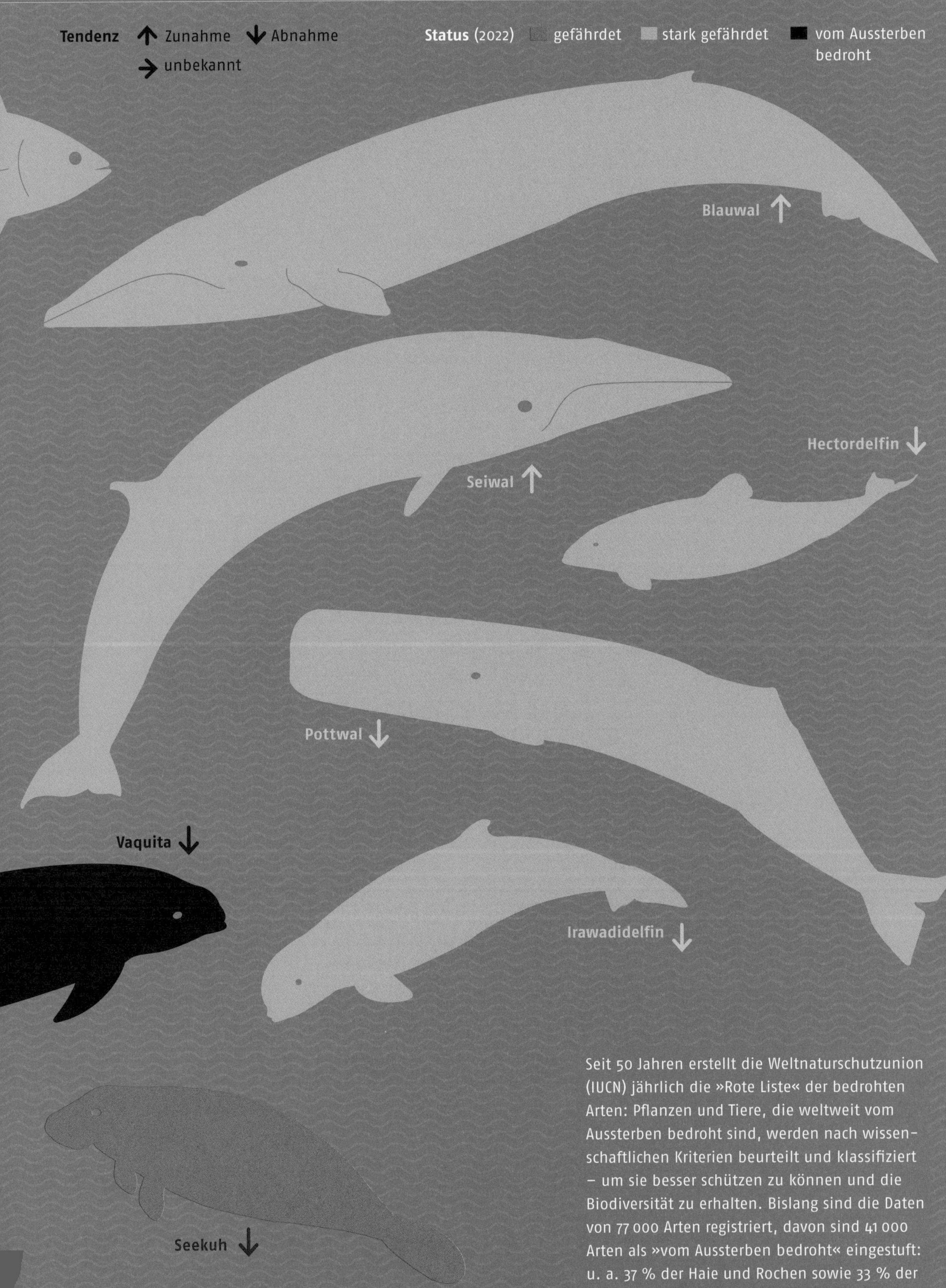

Seit 50 Jahren erstellt die Weltnaturschutzunion (IUCN) jährlich die »Rote Liste« der bedrohten Arten: Pflanzen und Tiere, die weltweit vom Aussterben bedroht sind, werden nach wissenschaftlichen Kriterien beurteilt und klassifiziert – um sie besser schützen zu können und die Biodiversität zu erhalten. Bislang sind die Daten von 77 000 Arten registriert, davon sind 41 000 Arten als »vom Aussterben bedroht« eingestuft: u. a. 37 % der Haie und Rochen sowie 33 % der Riffkorallen.

Quellen: Abdulla et al. (2013), IUCN (2022)

Sauerstoffarme Todeszonen

1 **Städte, Industriegebiete** und Kläranlagen leiten ungeklärte Abwässer teils bewusst in die Umwelt, oder sie gelangen bei Unfällen dorthin.

2 **Durch die Landwirtschaft** und die damit einhergehende Düngung gelangen Nährstoffe und Chemikalien in die Umwelt. Besonders bei Starkregen können sie direkt in Flüsse und Meere gespült werden.

3 **Ausbreitung der** nährstoffreichen Abwässer und der Pestizidrückstände in Küstennähe.

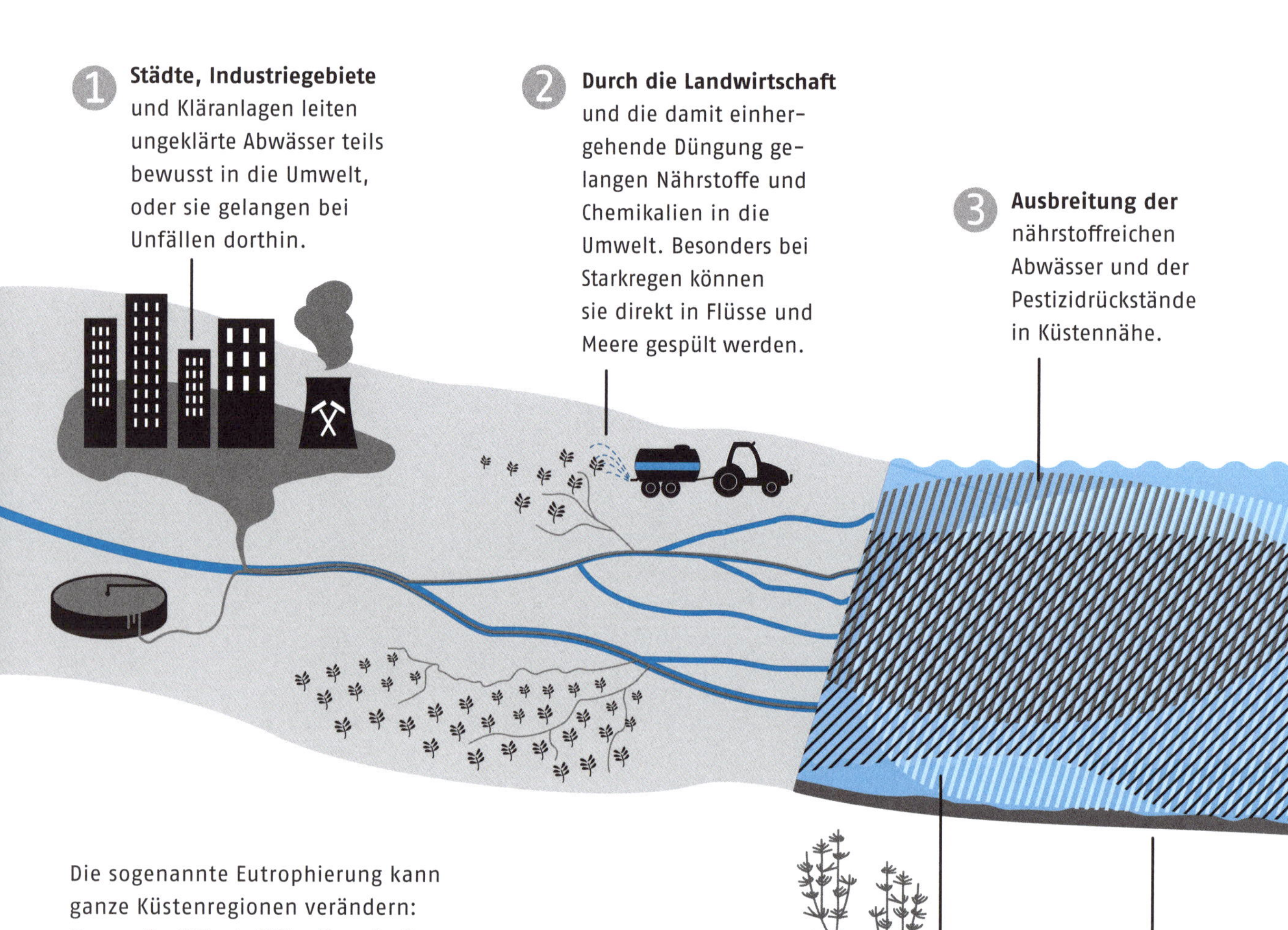

4 **Produktion von Biomasse** wie Algen durch die zusätzlichen Nährstoffe im küstennahen Wasser. Algen wachsen oberflächennah und verdunkeln damit langsam tiefere Schichten – dort sterben die Pflanzen ab, die nicht genügend Sauerstoff und Licht zum Überleben erhalten.

5 **Tote Biomasse wie Algen** und Plankton sinkt zum Grund und kompostiert dort. Dadurch entsteht eine tödliche Sauerstoff-Minimum-Zone (SMZ), die sich bei größerer Ausbreitung mit schon vorhandenen SMZs im offenen Ozean verbinden kann.

Die sogenannte Eutrophierung kann ganze Küstenregionen verändern: Der große Nährstoffüberfluss in Flussnähe, vor allem durch die Abwässer der Landwirtschaft, führt zu überproportionalem Phytoplankton- und Pflanzenwachstum, was wiederum zu mehr toter Biomasse auf dem Meeresgrund führt. Bakterien zersetzen die toten Pflanzen und entziehen dem Wasser dabei Sauerstoff. Fische, die sich nicht anpassen können, ziehen weiter oder sterben, die meisten auf dem Boden lebenden Organismen sterben ab, Seegraswiesen verschwinden teils, und zurück bleiben resistente Arten wie Quallen und manche Algen.

Weltweit sind derzeit mindestens 530 dieser sogenannten »toten Zonen« bekannt. Diese Zahl wird voraussichtlich weiter steigen. Seit den 1960er Jahren hat sich ihre Zahl etwa alle zehn Jahre verdoppelt.

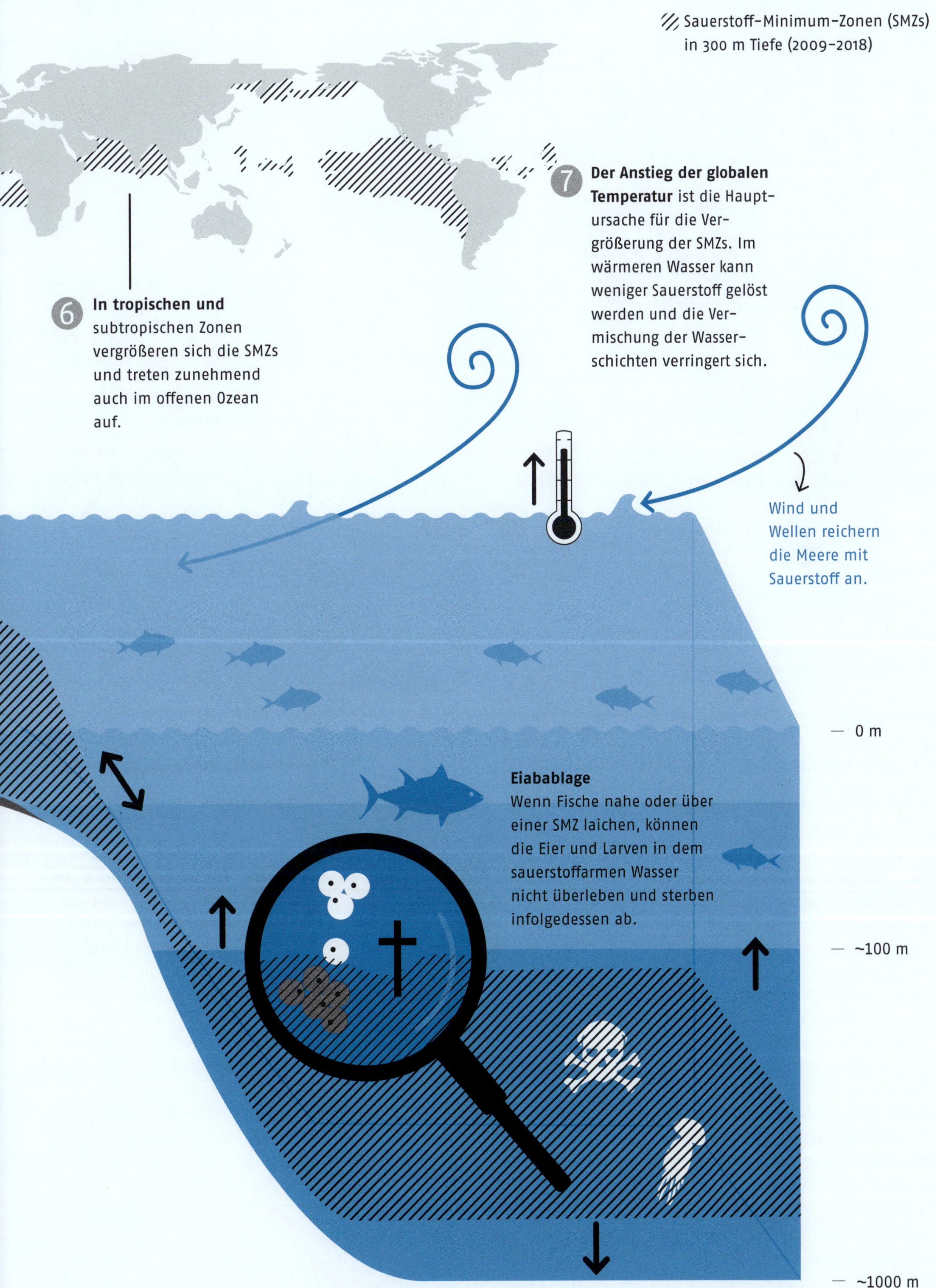

Quellen: Long et al. (2021), Malmquist (2008), Maribus (2010), Stramma et al. (2010), NODC/NOAA (2005), WRI (2011)

Wachsende Meeres-schutzgebiete

Um eine nachhaltigere Zukunft für die Menschen und unseren Planeten zu sichern, ist der Ausbau der Meeresschutzgebiete unabdingbar. Es herrscht globaler Konsens, dass bis 2030 rund 30 % der Weltmeere unter Schutz gestellt werden sollen.

Schutzzonen erhalten die Biodiversität und tragen so zu einem gesunden Ökosystem bei, welches wiederum besser gegen menschliche Eingriffe, den Klimawandel und daraus resultierende Probleme gewappnet ist.

Schutzgebiete müssen ökologisch repräsentativ, verbunden, wirksam und gerecht sein. Am effektivsten sind große Schutzgebiete, in denen nicht gefischt werden darf und die über längere Zeit bestehen. Auch für Fischer sind solche Schutzgebiete langfristig vorteilhaft: Außerhalb der Gebiete können sie mit konsistent höheren Fangquoten rechnen.

Knapp 3 % des Ozeans fallen unter vollständig geschützte Zonen, etwas mehr als 9,6 % unter Gebiete mit einer Form von Schutz. Bis 2030 müssten jedes Jahr 11 Mio. km² Ozean geschützt werden, um das 30-%-Ziel zu erreichen.

Während die Schutzzonen in nationalen Hoheitsgewässern stetig wachsen, sind die Wachstumsraten in den Hochseeregionen, die keiner Regierung unterstellt sind, minimal. Komplexe rechtliche Richtlinien machen es sehr schwierig, neue Schutzgebiete auf der Hochsee einzurichten.

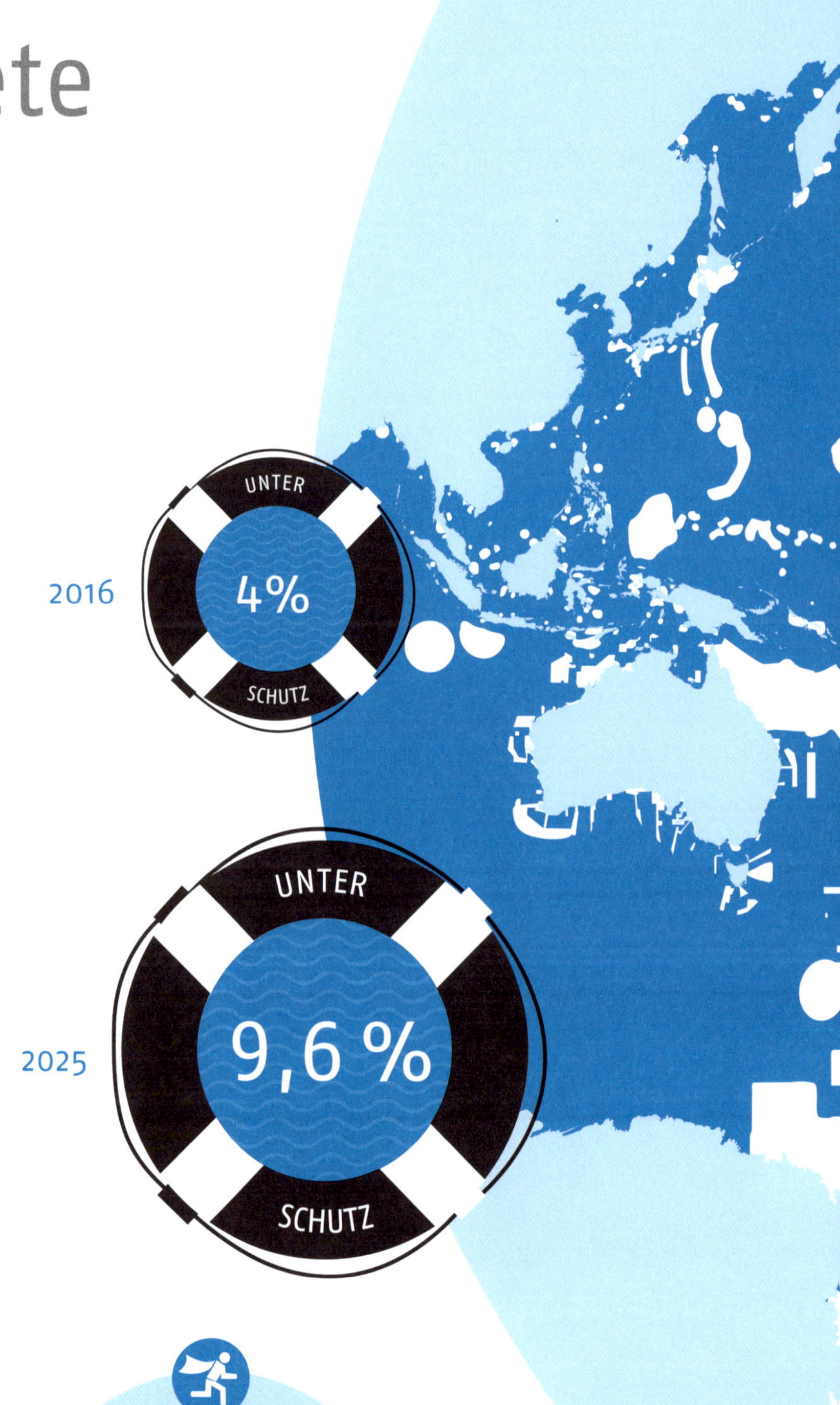

Schützt die Meere!
Die Schutzgebiete wachsen stetig, regelmäßig aktualisierte Informationen zu Schutzgebieten gibt es hier:
mpatlas.org

Meeresschutzzone (MPA)
Stand: Dezember 2025
Quellen: AGDE (2016), CBD (2022), UNEP-WCMC/IUCN (2021), Sciberras et al. (2015), PP (2025)

Mangrovenwälder und Seegraswiesen

Gefährdung der Mangroven durch...

Shrimp-Aquakulturen (Abholzung)

Landwirtschaft (Abholzung für Palmöl und Reis)

Meeresspiegelanstieg (Klimawandel)

Mangrovenwälder bestehen aus Bäumen, die im Salzwasser wachsen. Ihr dichtes Unterwasser-Wurzelwerk bietet einen sicheren Aufzuchtsort für junge Fische, sie bremsen die Wellenkraft und schützen so vor Erosion und Überschwemmungen, besonders bei Stürmen. Mangroven ziehen CO_2 aus der Atmosphäre und binden es. Heute verlieren Mangrovenwälder nur noch knapp halb so viel Fläche wie noch vor 20 Jahren – aber immer noch zu viel. Dem stellen sich vermehrt Aufforstungsprojekte entgegen, besonders in Südostasien und Afrika.

Quellen: Leal et al. (2024), BCI (2025)

»Blue Carbon« – natürlich gebundener Kohlenstoff in Meeresböden

50 %
des Kohlenstoffs (C) ist in den Böden der Küstenlebensräume gebunden

50 %
des Kohlenstoffs ist in allen weiteren Meeresböden gebunden

Weniger als
2 %
der Gesamtfläche der Weltmeere ist von Küstenökosystemen bedeckt.

Gefährdung der Seegrasswiesen durch...

Grundschleppnetze
(Industrielle Fischerei)

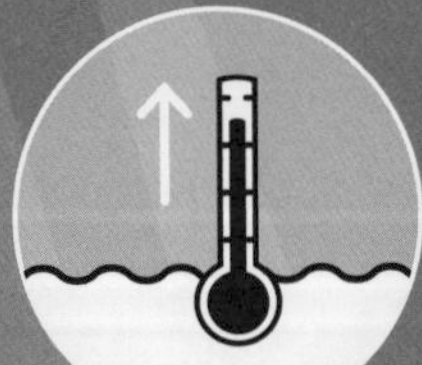

Erwärmung
(Klimawandel)

Umweltverschmutzung
(Landwirtschaft und Industrie)

Intakte Seegraswiesen übernehmen viele Ökosystemleistungen: Sie fördern die Biodiversität, stabilisieren Sedimente, verbessern die Wasserqualität, sind CO_2-Speicher und Küstenschutz.

Wiederansiedlungsprojekte zum Beispiel des Seegrases »Zostera Marina« zeigen Erfolge, unter anderem in der Nord- und Ostsee.

CO_2 O_2

Ursachen → direkte Folgen → indirekte Folgen → Lösungsansätze

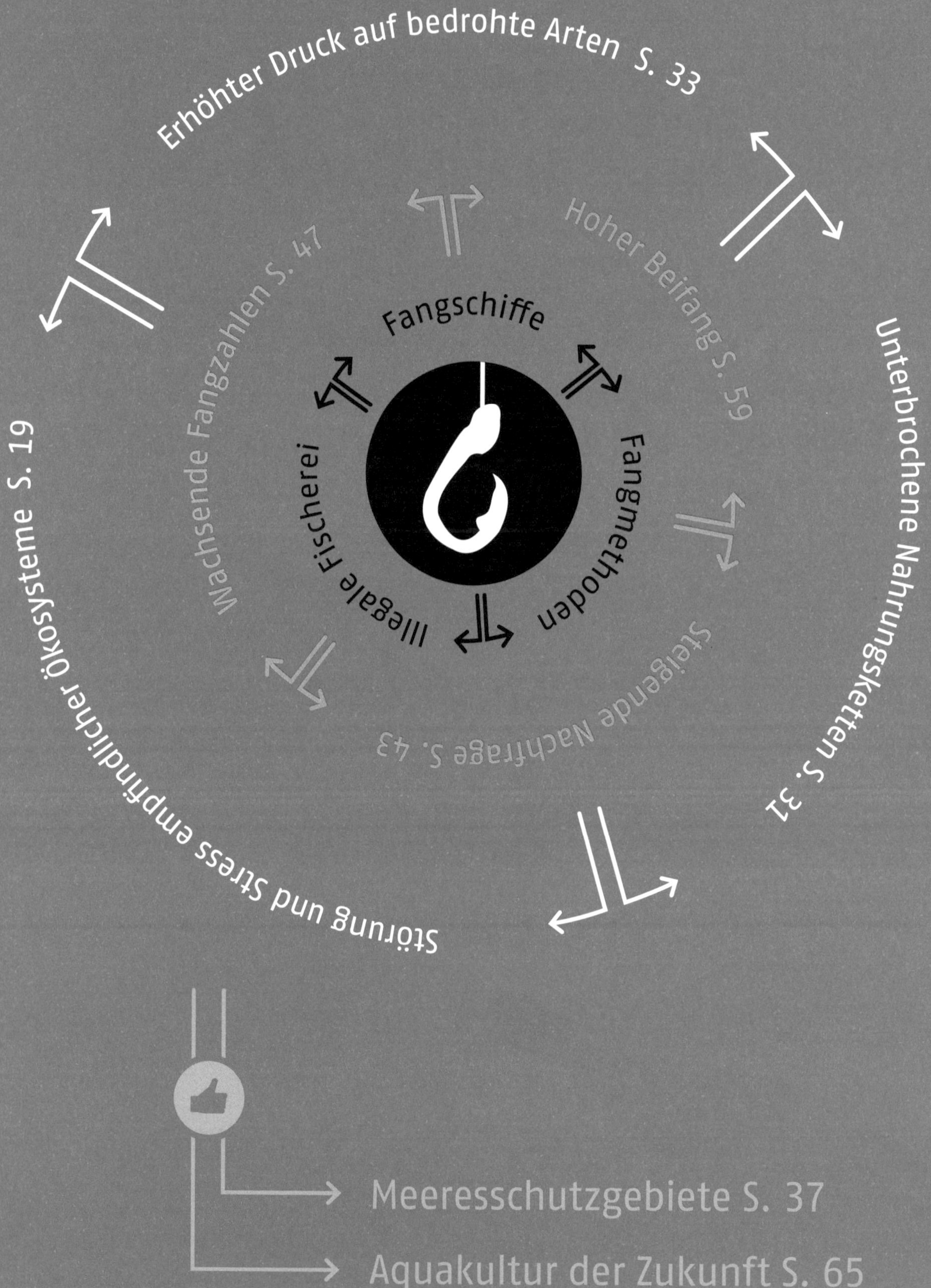

Fischerei

Fakten zur Fischindustrie

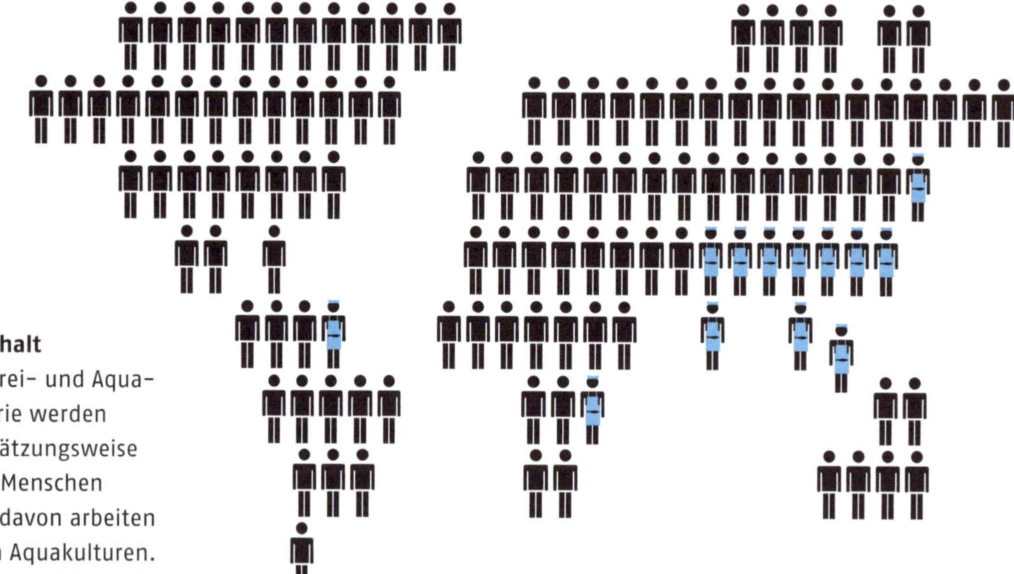

Lebensunterhalt
In der Fischerei- und Aquakulturindustrie werden weltweit schätzungsweise 62 Millionen Menschen beschäftigt, davon arbeiten ca. 22 Mio. in Aquakulturen.

84 % der Beschäftigten leben in Asien, danach folgen Afrika mit 10 % sowie Lateinamerika und die Karibik mit je 4 %. Eine unbekannte Anzahl Menschen arbeiten auf Sklavenschiffen in der illegalen industriellen Fischerei.

Fischfang
1974 war der globale Fischfang noch zu 90 % im Rahmen der biologisch nachhaltigen Grenzen. Heute sind nur noch 2/3 des Fischfangs als nachhaltig zu betrachten, weil die Fischbestände sich im gleichen Maße erholen wie sie gefischt werden. 1/3 sind überfischt.

Gesamtfischfang (weltweit, 1974–2021)

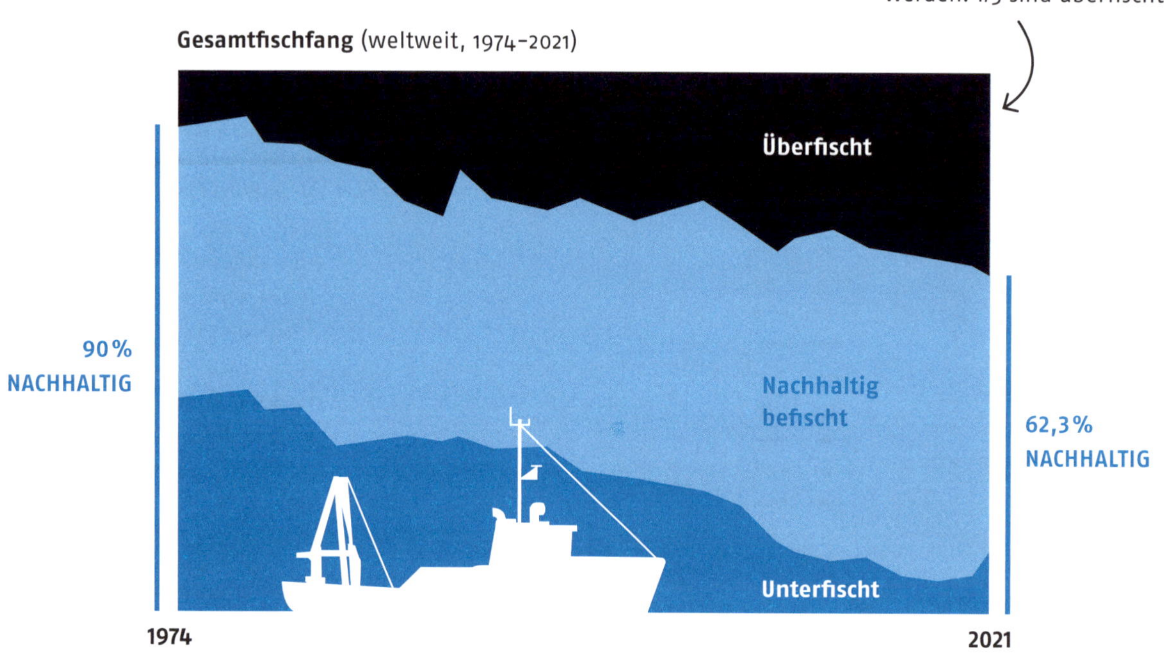

Quellen: FAO (2024), Sharma et al. (2025)

Fischkonsum pro Kopf / Jahr
(weltweiter Durchschnitt)

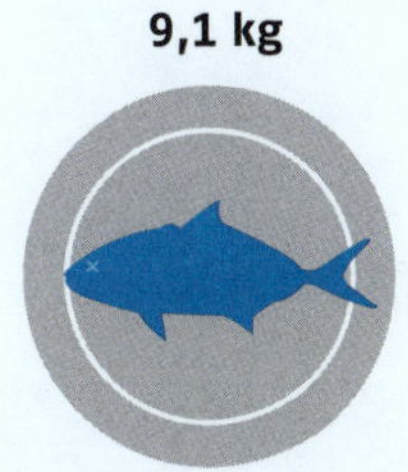

Trotz einer Zunahme des Fischkonsums pro Kopf weltweit ist in einigen Ländern der Fischkonsum gleich geblieben oder sogar zurückgegangen, wohingegen er in Entwicklungsländern beständig wächst. Am höchsten ist der Fischkonsum mit durchschnittlich 26,8 kg pro Kopf und Jahr in den Industrieländern. Der dort konsumierte Fisch kommt hauptsächlich aus Importen.

Mehr als
1 Milliarde
Menschen sind weltweit auf Fisch als primäre Nahrungsquelle angewiesen.

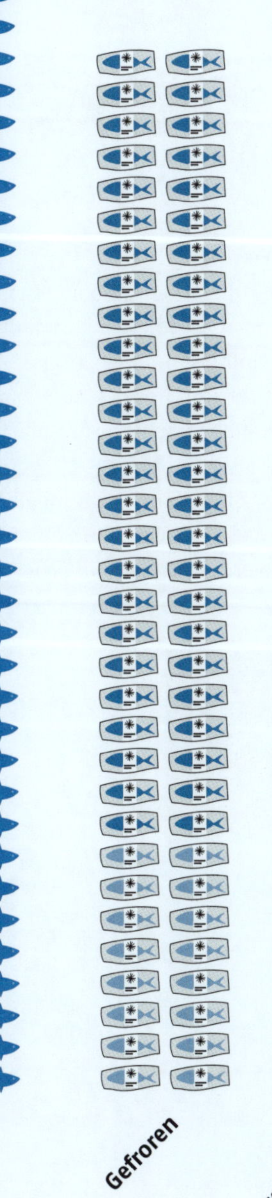

Fischverarbeitung
In Entwicklungsländern wird der Großteil des Fisches frisch, in Industrienationen hingegen meist gefroren gekauft. Insgesamt wird beträchtlich mehr Fisch in den Entwicklungsländern gefangen und verarbeitet.

Entwicklungsländer
Industrieländer
je 1 Mio. Tonne (Lebendgewicht)

Hohe Fischfang-intensität

Fischbestände gelten dann als »überfischt«, wenn dauerhaft mehr Fische gefangen werden als durch natürliche Vermehrung nachkommen oder zuwandern. Das zeigt sich zum Beispiel darin, dass trotz Verbesserung der Fangtechnik, längerer Fangfahrten und gesteigerten Fischereiaufwands die Fangmenge immer kleiner wird. Etwa 35,4 % der Bestände sind laut wissenschaftlichen Schätzungen und Berechnungen überfischt oder zusammengebrochen. Ein Bestand ist »zusammengebrochen«, wenn er in nur wenigen Jahren überproportional stark abnimmt und daher eine geringe Chance hat, sich zu erholen. Um nachhaltige Fischerei zu betreiben, müssen wissenschaftlich fundierte Fangquoten, besonders für stark überfischte Arten, weltweit eingeführt und auch durchgesetzt werden.

Regionale Fischereiorganisationen (RFMOs) bringen die Vertragsparteien internationaler Fischereiabkommen zusammen, um gemeinsam über die Erhaltung, Bewirtschaftung und Entwicklung der Fischerei zu entscheiden. Sie sammeln und analysieren Daten, beispielsweise zur Überfischung.

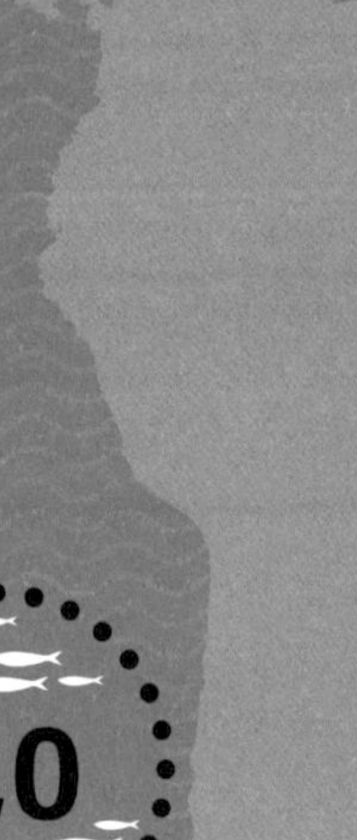

Quelle: FAO (2024)

Fischfang in Mio. t
nach FAO Fischereiregion
(Wildfang, 2022)

1,1

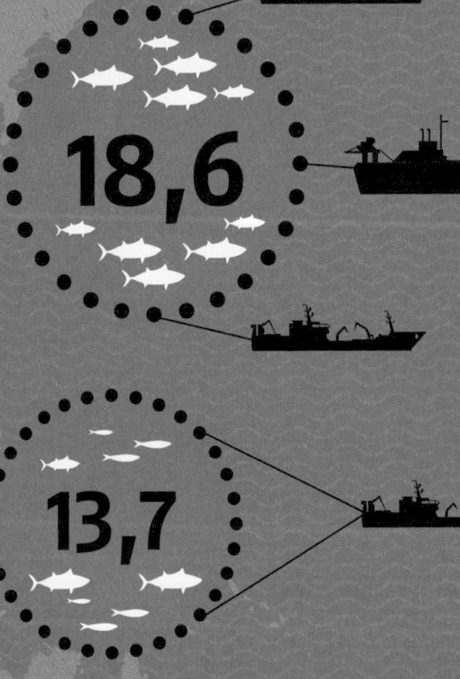

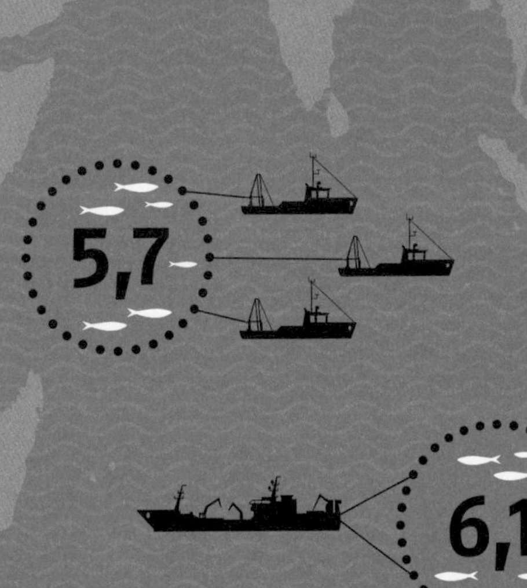

1,4

Fischereiflotte: Überkapazität

Die weltweite Fischfangflotte wird auf 4,1 Millionen Schiffe geschätzt, sie haben das Potenzial, einen weit größeren Fang zu erwirtschaften, als die Fischbestände hergeben.

Super-Trawler mit Fischfabrik, 120–144 m,
kann mehrere Monate auf See sein

Fischtrawler mit Fischfabrik, 70–90 m,
ist ca. 1–2 Monate auf See

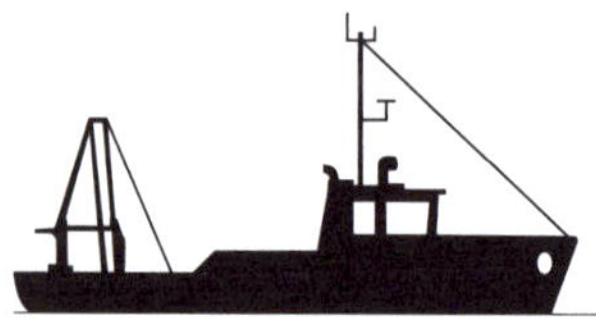

Fangschiff, 25–45 m,
ist ca. 1-4 Wochen auf See

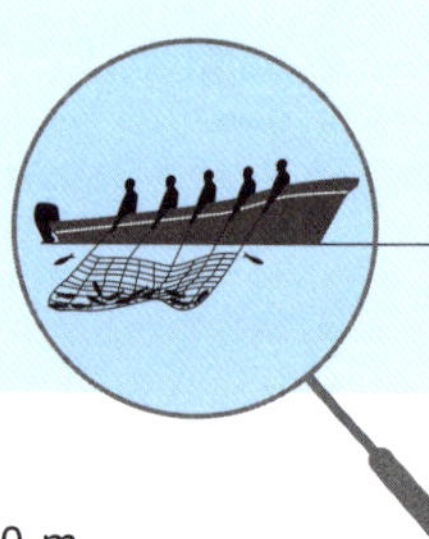

Traditionelles Fischerboot, 7–12 m,
ist maximal 1 Tag auf See

81 % der Fischereiflotte sind kleine Boote (<12 m)

0 m | 50 m | 100 m | 140 m

Maximale Fangmenge pro Ausfahrt

Beschäftigte im Fischfang

7 000 000 kg

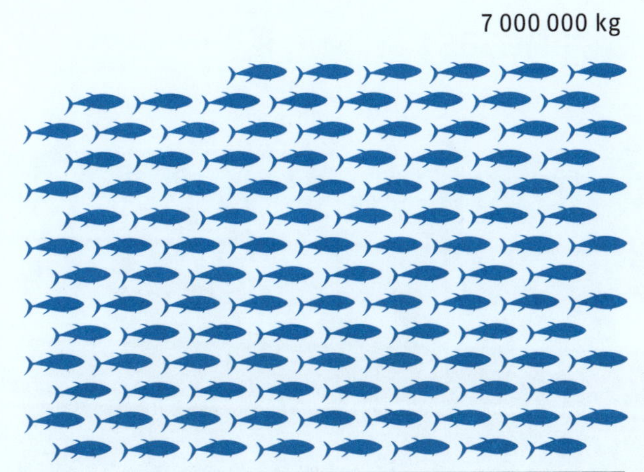

Ca. 10 % arbeiten in der industriellen Fischerei

ca. 3,4 Mio. weltweit

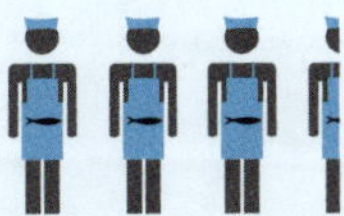

1 000 000–1 500 000 kg

Ca. 90 % arbeiten in der Kleinfischerei

ca. 30,6 Mio. weltweit

30–300 kg

Quellen: EU (2016), Greenpeace (2014), Reedereien (2017), FAO (2023 & 2024)

Industrielle Fischfangmethoden

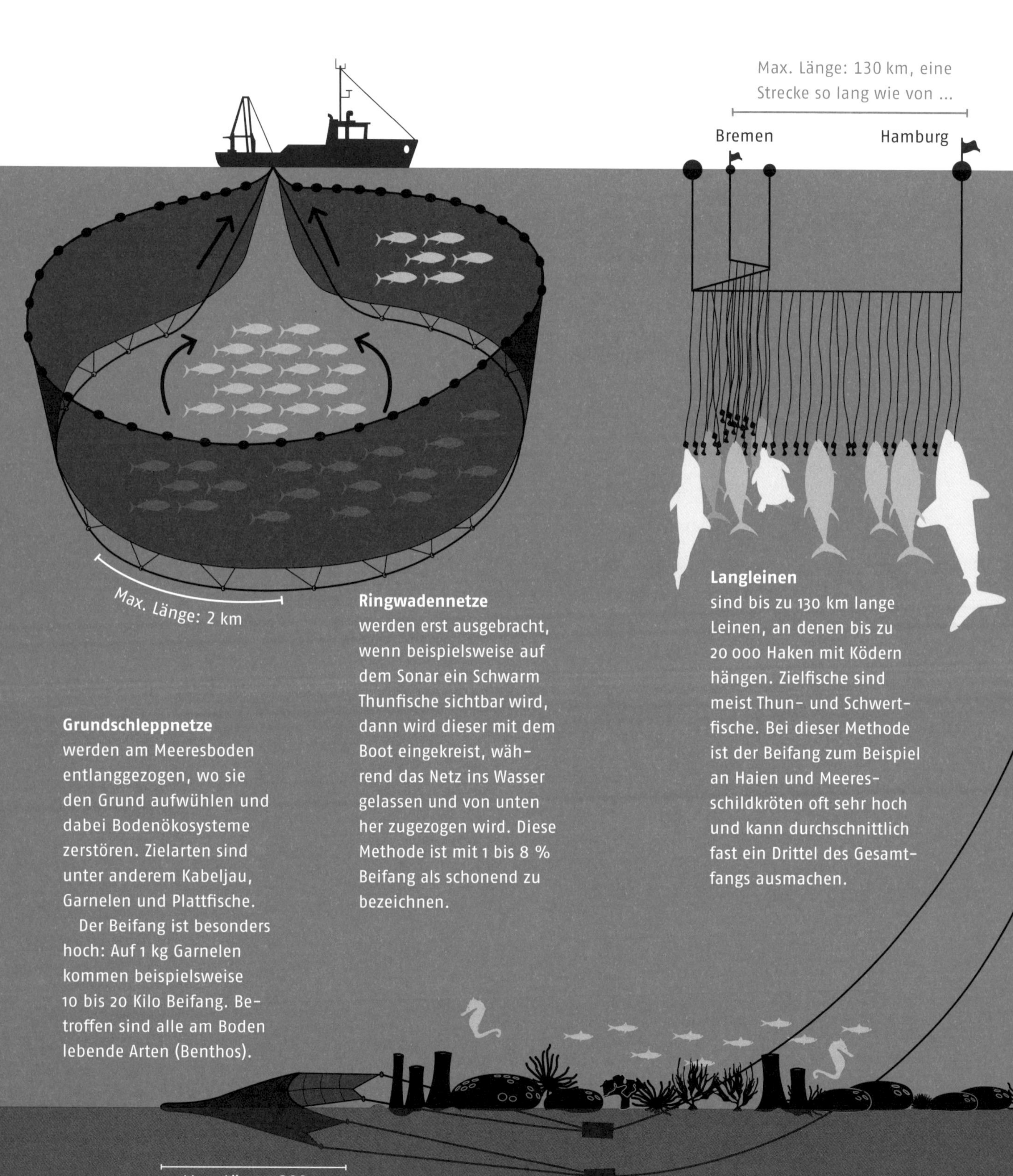

Grundschleppnetze
werden am Meeresboden entlanggezogen, wo sie den Grund aufwühlen und dabei Bodenökosysteme zerstören. Zielarten sind unter anderem Kabeljau, Garnelen und Plattfische.

Der Beifang ist besonders hoch: Auf 1 kg Garnelen kommen beispielsweise 10 bis 20 Kilo Beifang. Betroffen sind alle am Boden lebende Arten (Benthos).

Ringwadennetze
werden erst ausgebracht, wenn beispielsweise auf dem Sonar ein Schwarm Thunfische sichtbar wird, dann wird dieser mit dem Boot eingekreist, während das Netz ins Wasser gelassen und von unten her zugezogen wird. Diese Methode ist mit 1 bis 8 % Beifang als schonend zu bezeichnen.

Langleinen
sind bis zu 130 km lange Leinen, an denen bis zu 20 000 Haken mit Ködern hängen. Zielfische sind meist Thun- und Schwertfische. Bei dieser Methode ist der Beifang zum Beispiel an Haien und Meeresschildkröten oft sehr hoch und kann durchschnittlich fast ein Drittel des Gesamtfangs ausmachen.

Geschätzte 20 Millionen Meeressäuger, Meeresschildkröten, Haie und Seevögel sterben jährlich als Beifang.

Beifang
Jährlich werden Ø 9 Mio. Tonnen Beifang über Bord geworfen (sog. Discarding), die Zahl hat sich seit 1996 halbiert. Strengere Fangqouten, Regulierungen und Netze mit Notausgängen für Beifang zeigen Wirkung, außerdem wird mehr Beifang angelandet und weiterverwertet.

Fabrikschiffe
mit elektronischen Geräten zur Detektion von Fischen, lassen großen Fischschwärmen kaum eine Chance zu entkommen.

Kiemennetze
werden entweder als verankertes Stellnetz oder, seit dem Verbot 1992 der UN illegal, als treibendes Netz eingesetzt. Der Beifang unerwünschter Fischarten ist durch die Maschenweite eher gering, allerdings ist der Beifang an kleinen Meeressäugern und Meeresvögeln verhältnismäßig hoch. --

Länge: Mehrere Kilometer

Pelagische Schleppnetze
werden von einem oder zwei Booten durch das freie Wasser gezogen. Die Netzöffnung kann bis zu 23 000 m² groß sein, das entspricht 5 Fußballfeldern. Zielfische sind hauptsächlich Schwarmfischarten wie Hering oder Makrele. Moderne Netze haben einen integrierten »Notausgang« für unerwünschte Arten wie Schildkröten, Meeressäuger und Haie.

Die Tiefsee-Fischerei ist besonders bedrohlich für langlebige Arten (z. B. Granatbarsch, Tiefseehai, Orange Roughy). Nur 29 % der Tiefseebestände werden nachhaltig befischt.

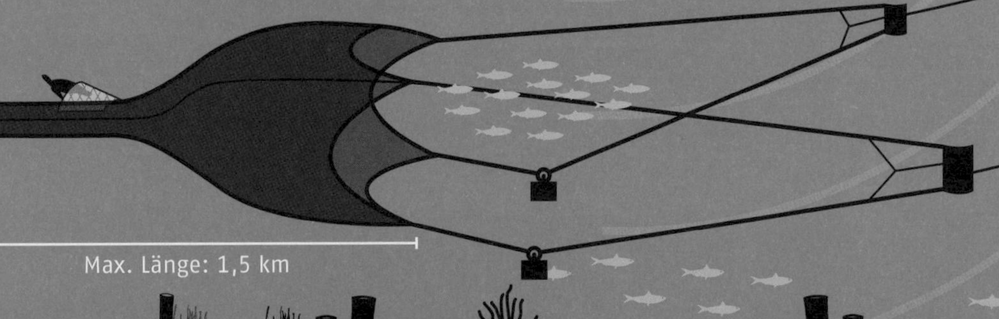

Quellen: ISSF (2017), Seafish (2015), Benson (2011), FAO (2019 & 2025)

Traditionelle Fischerei

Traditionelle Fischerboote sind meist nur bis zu zwölf Meter lang und offen, hier als Beispiel die traditionelle Fischereimethode in Martinique.

Traditioneller Bojenfang
Sobald ein Fisch am Haken ist, schwimmt er mit der Boje davon. Der Fischer muss schnell handeln und mit seinem Boot der Boje folgen, bis der Fisch langsamer wird und er ihn ins Boot ziehen kann. Beifang wird dadurch vermieden.

Blauer Marlin

Unechter Bonito

Angeln
Nebenbei wird mit Angelruten geangelt – zum einen, um kleine Fische als Köder, zum anderen, um größere Fische wie Goldmakrelen für den Verkauf zu angeln.

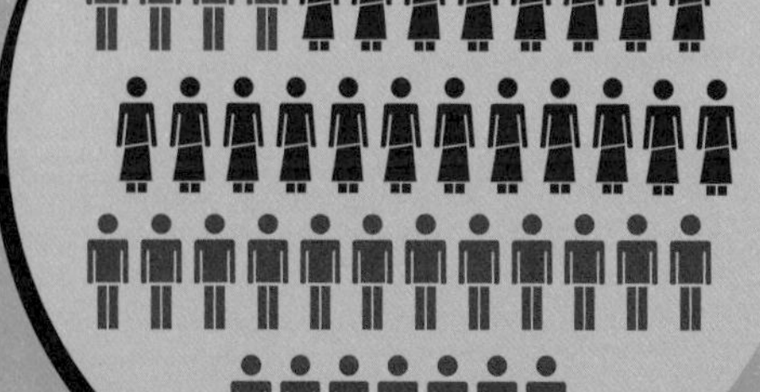

Fast 500 Mio. Menschen sind für einen Teil ihres Lebensunterhalts von der Kleinfischerei abhängig. Circa 40 % der Beschäftigten in der traditionellen Fischerei sind Frauen.

Quellen: Basurto et al. (2025), Preston et al. (1999)

Oberflächentrolling
Es wird eine Leine mit Köder hinter dem Boot hergezogen, entweder an der Oberfläche oder, mit Gewichten beschwert, in der Tiefe.

»Vorrichtung zur Fischkonzentration« (FAD: Fish Aggregating Device)
Um eine Boje, die am Meeresgrund verankert ist, flattern Stoffbahnen. In ihrem »Schutz« versammeln sich kleinere Fische, die wiederum größere Fische anziehen.

In der traditionellen Fischerei eingesetzt, dient es den kleinen Fischern zum Überleben, in der industriellen Fischerei mit FADs kommt es jedoch oft zu hohen Beifangraten an gefährdeten Arten und Jungtieren.

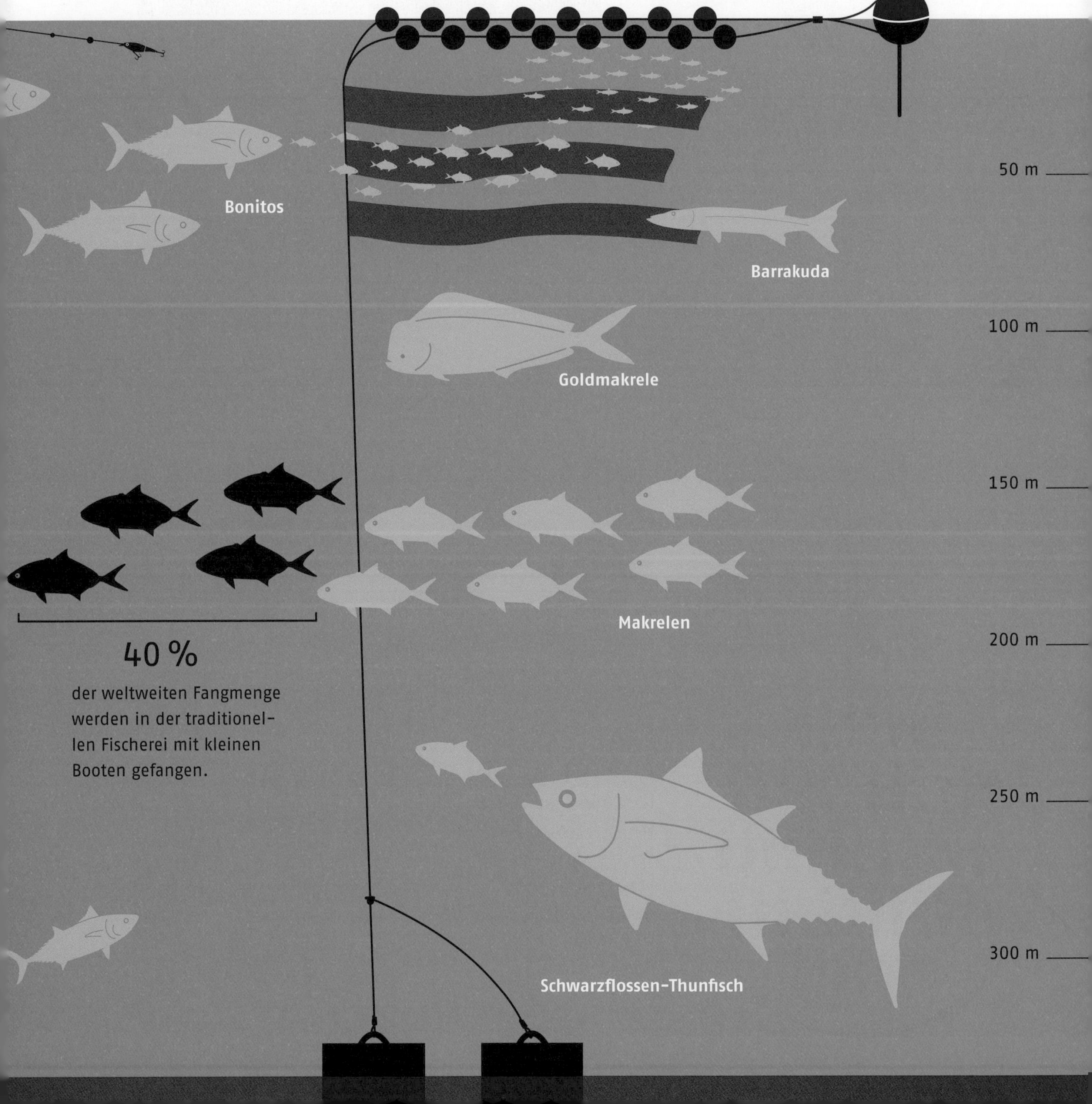

40 %

der weltweiten Fangmenge werden in der traditionellen Fischerei mit kleinen Booten gefangen.

Thunfischfang wird nachhaltiger

Es gibt gute Neuigkeiten: zwar ist der Thunfischfang von 1950 bis 2014 stark angestiegen, aber seitdem relativ stabil bei etwa 5 Mio. Tonnen. Zudem werden Thunfischbestände global nachhaltiger befischt: Während 2017 noch 30 % der Thunfischbestände als überfischt galten, waren es 2021 nur noch 23 %. Das liegt besonders daran, dass regionale Fischereiorganisationen Fangqouten eingeführt und wirksam umgesetzt haben: Heute stammen 99,3 % der Anlandungen aus nachhaltigen Beständen.

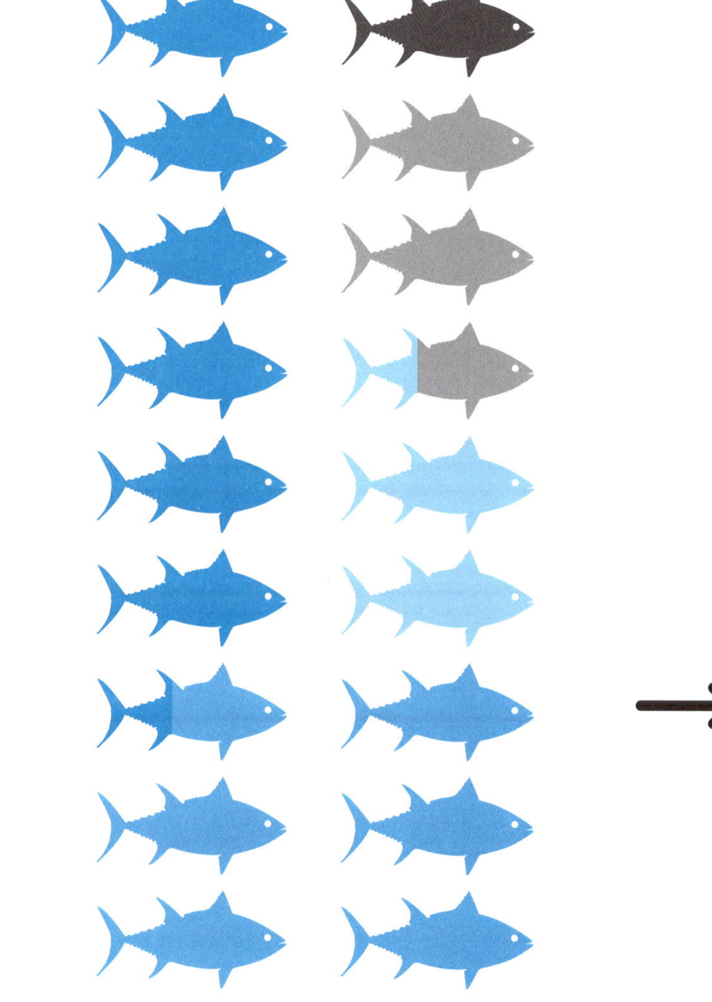

Thunfischfang 1950

0,4 Mio. Tonnen

Thunfischfang 1976

1,8 Mio. Tonnen

Quellen: FAO (2024), ISSF (2017)

= Bonito/Skipjack = Gelbflossen- = Großaugen- = Weißer = Blauflossen-Thunfisch

Je ca. 0,1 Mio. Tonnen Thunfisch

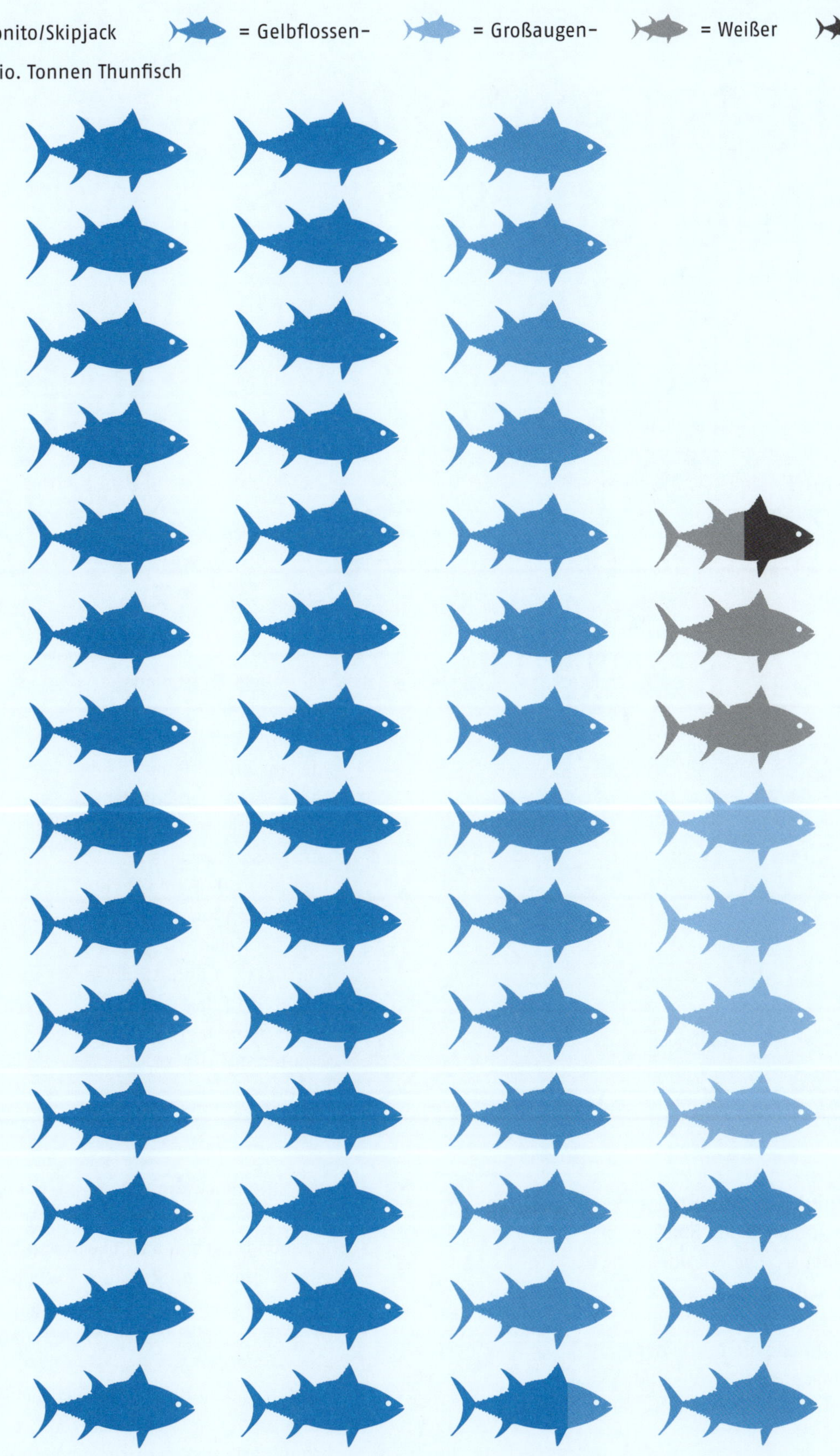

Thunfischfang seit 2014 stabil

5,2 Mio. Tonnen

(2023)

Warum Haie stark gefährdet sind

Jährlich werden geschätzt 80–100 Millionen Haie gefangen – gezielt oder als Beifang vor allem an Langleinen, legal und illegal. Knapp ein Drittel der gefangenen Haiarten sind vom Aussterben bedroht.

2

»Finning« nennt man die illegale Praktik, den Haien an Bord des Fangschiffs die Flossen bei lebendigem Leib abzutrennen und den Rest des Haikörpers wieder ins Wasser zu werfen. Laut Gesetz müssten Fischer den ganzen Hai anlanden, aber der Haikörper nimmt viel Platz ein und ist schwer verkäuflich, da oft ungenießbar und langwierig zu verarbeiten.

Haie sind durch 420 Millionen Jahre Evolution perfektionierte Raubfische, die eine Vielzahl von marinen Lebensräumen bewohnen. Sie spielen eine enorm wichtige Rolle als »Riffpolizei« und sind unverzichtbar für das Gleichgewicht der Ökosysteme unserer Ozeane. 316 Haiarten sind auf der Roten Liste von »gefährdet« bis »vom Aussterben bedroht« eingestuft. Viele Populationen sind auf 20 % und weniger ihres ursprünglichen Bestandes zurückgegangen. Da Haie erst spät geschlechtsreif werden und meist nur sehr wenige Nachkommen produzieren, brauchen überfischte Bestände lange Zeit, sich zu erholen.

Quellen: FAO (2024), IUCN (2003), Vianna et al. (2010), Worm et al. (2024), Yu et al. (2025)

Ein einzelner Riffhai bringt es über seine Lebenszeit auf Millioneneinkünfte im Tauch- und Schnorcheltourismus. Im Vergleich dazu: Tot ist er nur 90 Euro wert.

3

Lebend über Bord geworfen, sinken die verstümmelten Haie bewegungsunfähig zum Meeresgrund. Da sie so keinen Sauerstoff durch ihre Kiemen aufnehmen können, ertrinken sie langsam und qualvoll oder verenden an ihren schweren Verletzungen.

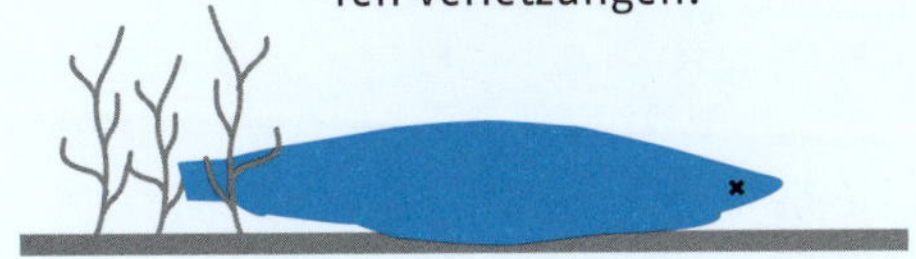

4

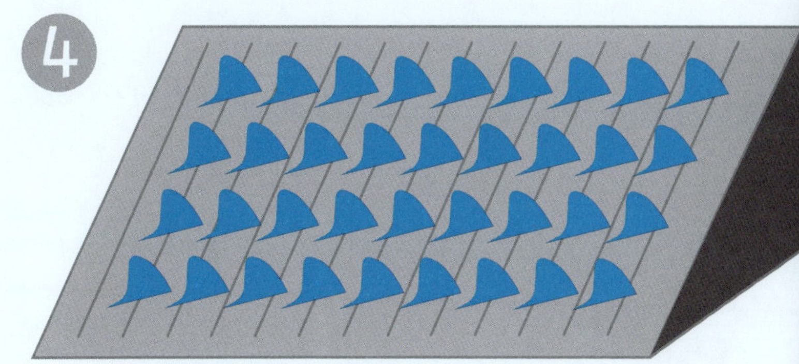

In den Häfen trocknen Zwischenhändler auf Hausdächern oder in Hinterhöfen illegal geschätzt bis zu 260 Millionen Haiflossen pro Jahr.

5

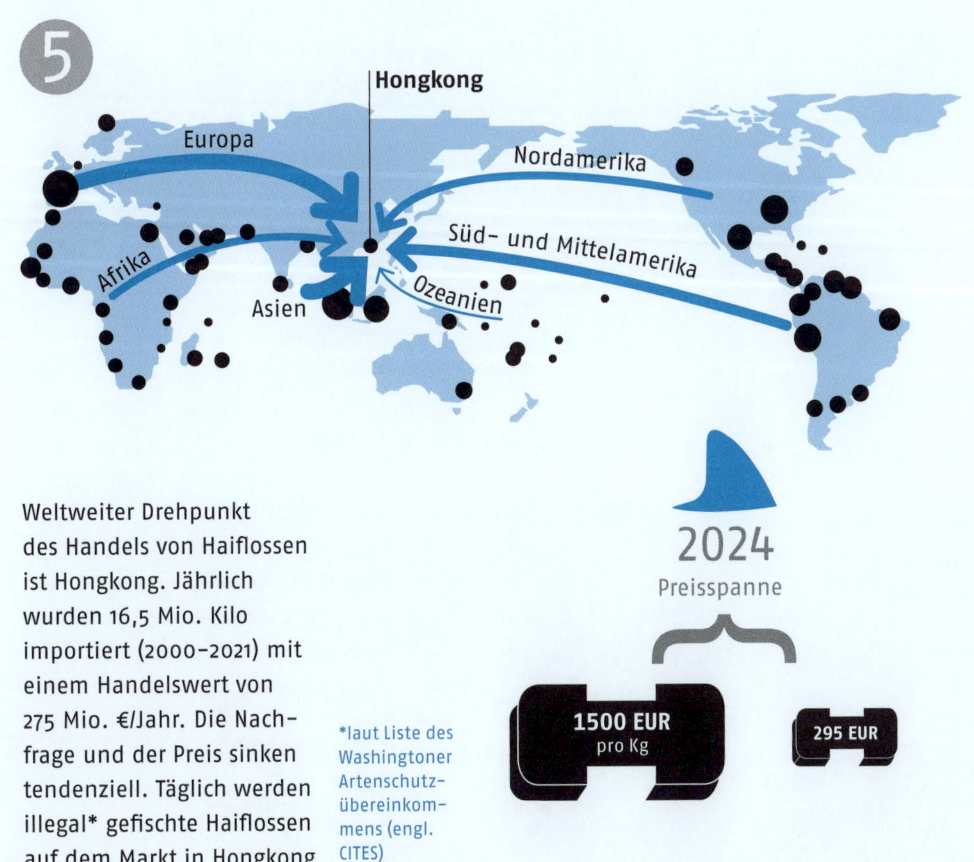

Weltweiter Drehpunkt des Handels von Haiflossen ist Hongkong. Jährlich wurden 16,5 Mio. Kilo importiert (2000–2021) mit einem Handelswert von 275 Mio. €/Jahr. Die Nachfrage und der Preis sinken tendenziell. Täglich werden illegal* gefischte Haiflossen auf dem Markt in Hongkong sichergestellt.

*laut Liste des Washingtoner Artenschutzübereinkommens (engl. CITES)

6

Haifischflossensuppe ist in China die traditionelle Hochzeitssuppe. Sie wird durch vermehrte Aufklärungskampagnen immer häufiger in Spitzenrestaurants weltweit von der Speisekarte genommen. Ab 80 Euro aufwärts kostet die »Delikatesse«, die keinen Eigengeschmack haben soll. Zudem wird Haifischflosse in Tinkturen und pulverisiert in Asien als potenzsteigerndes Mittel verkauft – die Wirkung ist nicht belegt.

Delfinjagd in Taiji

1

Fischer umrunden die Delfine, wobei sie mit Hämmern gegen Eisenpfähle schlagen, die vom Boot bis ins Wasser reichen. So entstehen Geräuschbarrieren, welche die Tiere orientierungslos machen. Sie werden dann in die Bucht nahe Taiji getrieben.

2

Die Bucht wird mit mehreren Netzen »verschlossen«. Bis zum nächsten Morgen werden die Delfine eingesperrt, dann beginnt das Auswahlverfahren mithilfe von Delfintrainern.

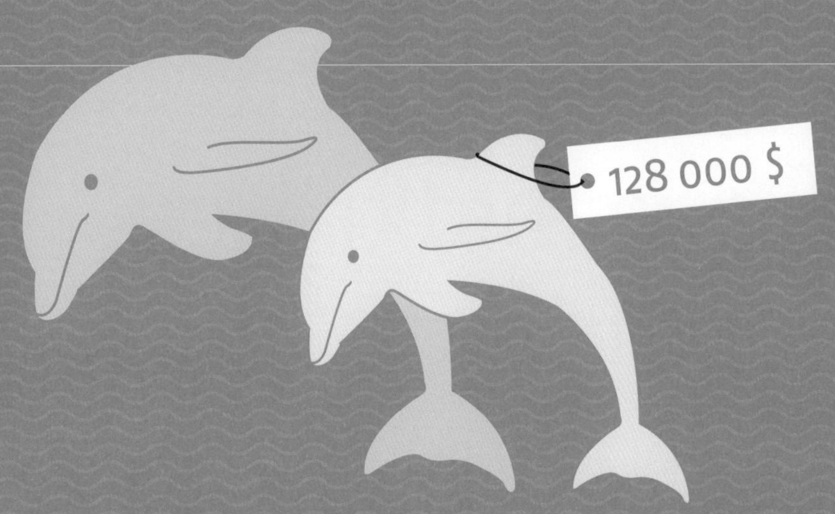

3

Einzelne Delfine, die niedlich aussehen und keine Narben haben, werden ausgewählt und trainiert. Delfinarien weltweit zahlen momentan 30 000 bis 128 000 US-Dollar pro Delfin.

4

Taiji ist der größte Delfinlieferant für Aquarien und Delfin-Schwimm-Programme weltweit. In der Saison 2025 wurden dort 94 Delfine lebend gefangen, um sie zu dressieren und zu verkaufen. Weltweit leben 3000 Delfine in Gefangenschaft. Die »Empty the Tanks«-Kampagne setzt sich für die Freilassung der Meerestiere ein: **emptythetanks.org**

5

Alle weiteren Delfine werden brutal durch mehrfaches Einstechen eines Metallstabes hinter dem Kopf getötet. Ein toter Delfin ist 600 US-Dollar wert. Jährlich können laut offizieller Fangqoute bis zu 20 000 Delfine in japanischen Gewässern getötet werden. Trotz hoher Quecksilberbelastung findet sich Delfinfleisch, oft als Walfleisch deklariert, in japanischen Supermärkten, wird als Düngemittel oder Tierfutter verkauft.

6

Quecksilber ist für Mensch und Säugetier das giftigste nichtradioaktive Element der Welt. In Seewasser kommt sogenanntes Methylquecksilber nur in geringen Konzentrationen vor, wird aber von Algen aufgenommen und reichert sich so in der Nahrungskette an – die Konzentration nimmt mit jedem Schritt aufwärts in der Nahrungskette um das bis zu 10-Fache zu. Delfine stehen an der Spitze der marinen Nahrungskette. In Taiji wurden bis zu 5000-mal höhere Methylquecksilberwerte in für den Verzehr gedachtem Delfinfleisch nachgewiesen, als von den Vereinten Nationen (UN) als Grenzwert bestimmt.

Quellen: ceta-base (2025), peta (2025), Dolphin project (2024)

Meeresschildkröten in Gefahr

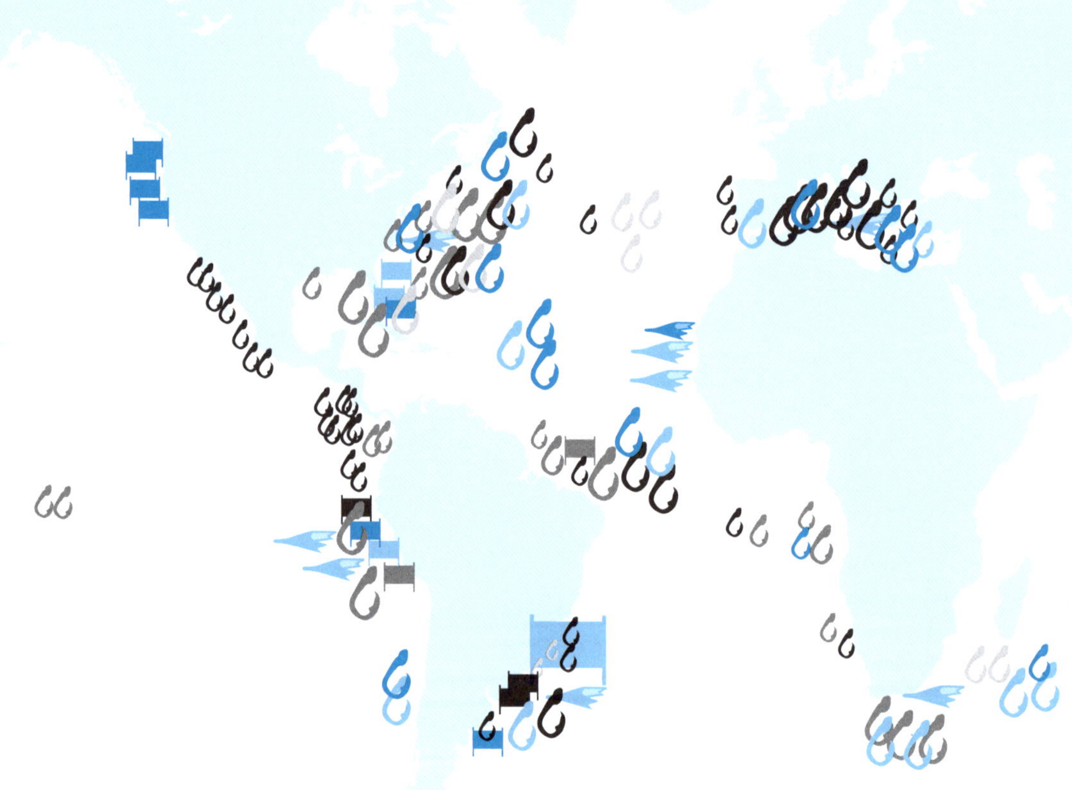

Fortpflanzung
Meeresschildkröten kehren oft zur Eiablage an ihren Geburtsstrand zurück und können bis zu 1000 Eier legen. Von diesen Eiern wird allerdings durchschnittlich nur ein geschlüpftes Jungtier die Geschlechtsreife erreichen. Die Eier bleiben unbewacht im Sand vergraben und sind so leichte Beute für Kojoten, Hunde, Vögel und Wilderer. Erst mit 20 bis 40 Jahren werden Meeresschildkröten geschlechtsreif.

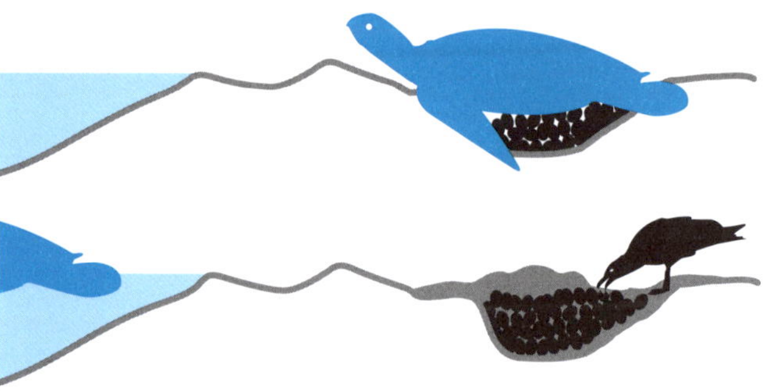

Klimawandel
Die höhere Temperatur beeinflusst das Geschlechterverhältnis der Jungtiere. Der Meeresspiegelanstieg überflutet Niststrände und die erhöhte Wassertemperatur degradiert den Lebensraum, besonders Korallenriffe und Seegraswiesen.

Quellen: Brewer et al. (2006), CWBR (2017), Haine et al. (2005), Lewison et al. (2014), SWOT (2025)

Beifangintensität: gering ▬ ▬ ▬ ▬ ▬ hoch — Schleppnetze — Stellnetze — Langleinen

Schildkröten sind bedroht von der Fischerei, wo sie als Beifang sterben, von Klimawandel und Strandbebauung, die ihren Lebensraum zerstören, von Meeresverschmutzung und von Wilderern.

Meeresverschmutzung
Plastikmüll, Geisternetze, Chemikalien und andere Formen der Umweltverschmutzung können Meeresschildkröten verletzen oder töten, wenn sie diese verschlucken oder sich darin verfangen.

Beifang
45 Minuten können Meeresschildkröten maximal die Luft anhalten, bevor sie zum Atmen an die Oberfläche kommen müssen. Jährlich ertrinken geschätzte 250 000 Meeresschildkröten an Langleinen

Illegaler Handel
Meeresschildkröten werden wegen ihres Fleisches und ihres Panzers auch – oft illegal – gezielt gejagt.

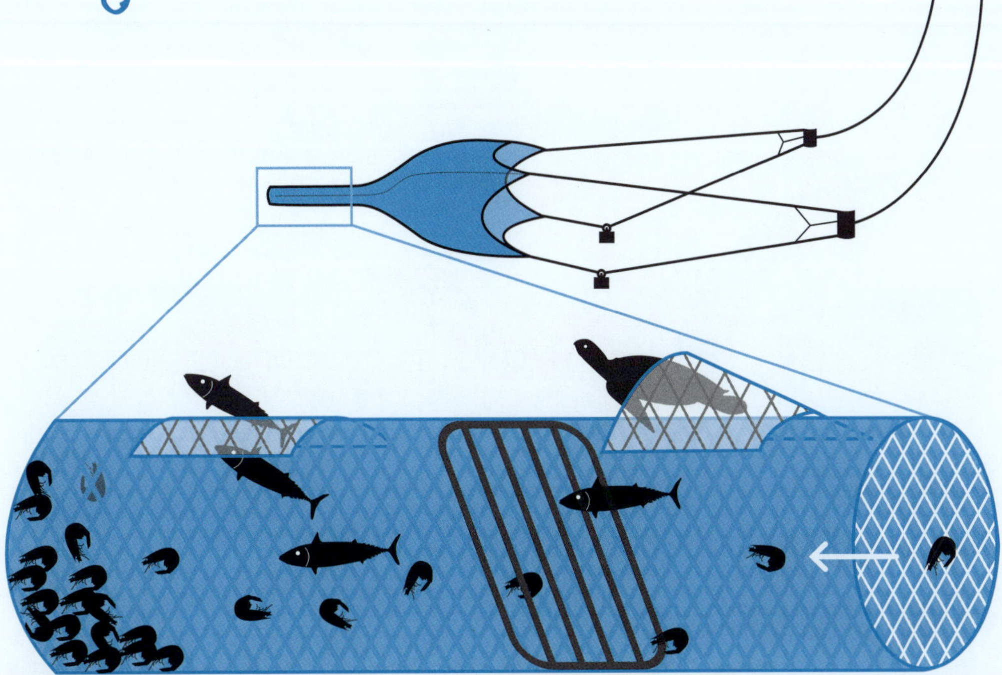

Fischereitechnik
In Australien sind die Beifänge von Meeresschildkröten um 90 Prozent zurückgegangen, seitdem in den Schleppnetzen zum Garnelenfang ein Ausgang für Schildkröten und Fische eingebaut ist. Die Shrimps werden durch die Schleppgeschwindigkeit gegen das Netzende gedrückt und können nicht entkommen. Die Vorrichtung hilft auch den Fischern: Ca. 40 Prozent der Shrimps werden durch Beifang im Netz zerquetscht.

Aquakultur in Zahlen

Mehr als 50 % der weltweiten Fischproduktion von rund 185,4 Millionen Tonnen stammen heute aus Aquakulturen.

Fischproduktion in Aquakulturen weltweit

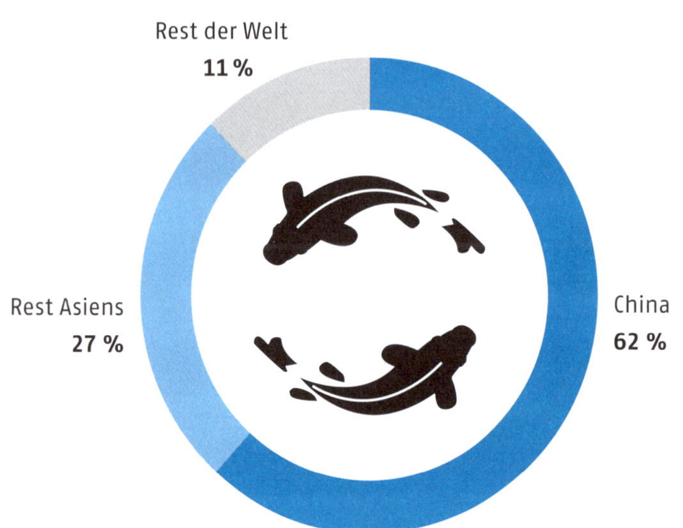

88 %

der weltweiten Aquakulturproduktion kommt aus Asien, insgesamt 62 Prozent alleine aus China.

Quellen: FAO (2024), Maribus (2013)

5 Antibiotika wurden in gezüchteten Fischen gefunden

- Oxytetracycline
- 4-Epioxytetracycline
- Sulfadimethoxine
- Ormetoprim
- Virginiamycin

Lachs
Tilapia
Forelle
Garnele

Ca. 600 verschiedene Arten – von Algen über Schwämme und Muscheln bis hin zu Garnelen, Fischen und Fröschen – werden weltweit in Aquakulturen gezüchtet.

2,3 kg Futter braucht ein Karpfen, um ein Kilo essbaren Anteil zu produzieren

Milch	Karpfen	Eier	Huhn	Schwein	Rind
0,7 kg	2,3 kg	4,2 kg	4,2 kg	10,7 kg	31,7 kg

(Futter für jeweils 1 kg essbaren Anteil)

Industrielle Aquakultur

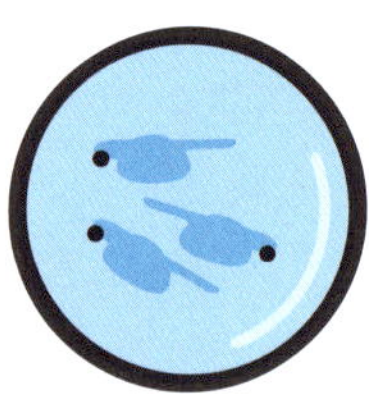

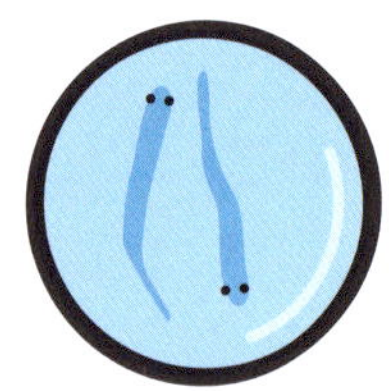

Künstliche Fortpflanzung
Die Eier werden künstlich befruchtet, dann im Labor überwacht und aussortiert. Wenn die Jungfische 30 Tage alt sind, kommen sie aus den Brutschalen in ein erstes Aufzuchtbecken.

Aufzucht in Tankanlagen
Wegen des Stresses, der durch die Enge und den Lärm der Wasserpumpen entsteht, fressen Fische weniger, wachsen langsamer und sind anfälliger für Krankheiten. Antibiotika werden oft als vorbeugende Maßnahme mitgefüttert, da sich Krankheiten schnell in den Tanks ausbreiten.

Traditionell | **Alternativen**

Fischöl

Soja / Rapsöl

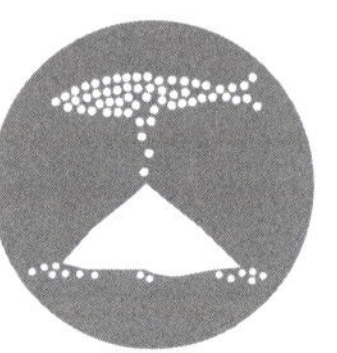

Fischmehl

Insektenlarvenmehl

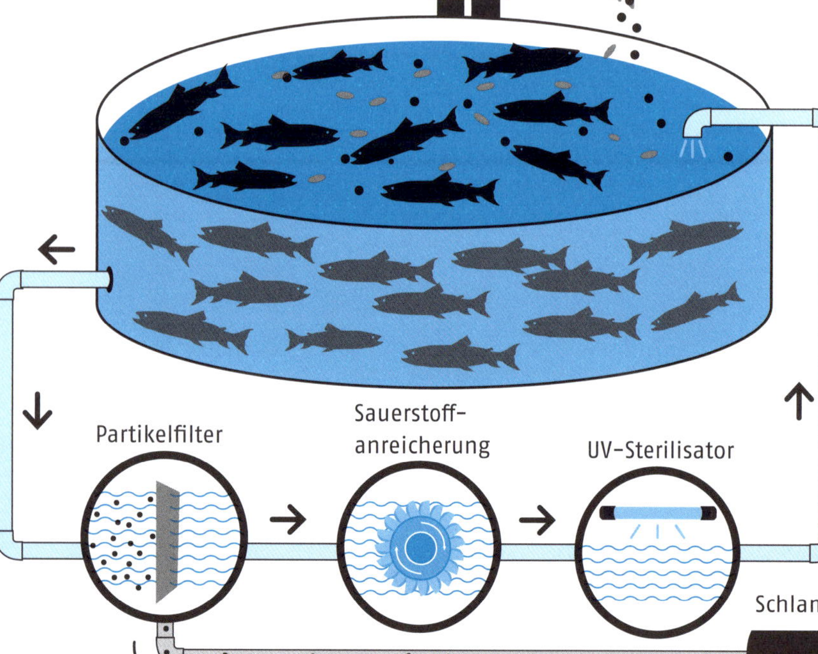

Wasserreinigung
In mehreren Durchläufen wird das Wasser erst grob, dann mit einem Biofilter feiner gefiltert, mit Sauerstoff angereichert und mit UV-Lampen sterilisiert, bevor es zurück in die Fischtanks gepumpt wird. Das Wasser im Fischtank ist so ständig in Bewegung.

Quellen: Maribus (2013), FAO (2014)

Aquakultur im Meer
Die Käfige werden mit Netzen bespannt, um die Fische vor Seevögeln zu schützen. Gefüttert wird durch Futtermaschinen in der Mitte des Käfigs.

Weitere Arten
An langen ins Wasser gehängten Leinen werden Muscheln und Seetang gezüchtet. Die Organismen nehmen Nährstoffe aus dem umgebenden Meerwasser auf bzw. filtrieren Planktonorganismen aus dem Wasser. Dadurch muss nicht zusätzlich gedüngt oder gefüttert werden.

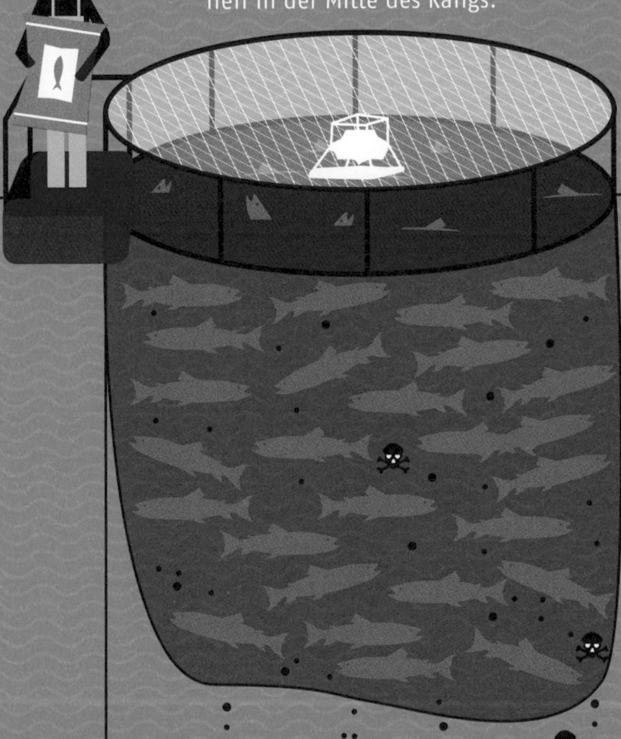

Standortwahl
Die Käfige werden in geschützten Buchten eingesetzt, wo sie schnell mit dem Boot zu erreichen sind und keine starken Strömungen oder Winde herrschen. Nicht gefressenes Futter und die Fäkalien der Fische sammeln sich unterhalb der Käfige an und führen so zur Überdüngung der Bucht. Auch Rückstände von Antibiotika gelangen ins Wasser und können das Ökosystem und die Bewohner schädigen.

Aquakultur ist die Aufzucht von aquatischen, also im Wasser lebenden Organismen wie Fischen, Muscheln, Krebsen und Algen.

Aquakultur hat Vor- und Nachteile. Sie stillt den Welthunger nach Proteinen und kann, wie zum Beispiel bei der extensiven Teichwirtschaft (unter anderem Tilapien, Karpfen), tier- und umweltfreundlich sein. Es gibt aber auch viel Kritik: Die Aquakultur wird oft mit der Massentierhaltung von Geflügel verglichen, denn die Enge stresst die Tiere, sie können sich nicht ihrer Art gerecht bewegen, werden hochgezüchtet und überleben nur mit Antibiotika. Die Abwässer der Kulturen überdüngen Flüsse und Buchten (sind aber im Gegensatz zu den pestizidhaltigen Abwässern aus der Landwirtschaft gering).

Eine Kombination von Fisch- und Muschelzucht in der marinen Aquakultur kann negative Effekte teilweise ausgleichen: Muscheln filtern durch eingebrachte Nährstoffe stärker wachsende Algen aus dem Wasser und können so Überdüngungseffekte reduzieren. Allerdings lagern sie so auch im Plankton angereicherte Schadstoffe und zum Beispiel Antibiotika in ihrem Gewebe ein.

Fischzucht der Zukunft

Der Aquaponik-Kreislauf

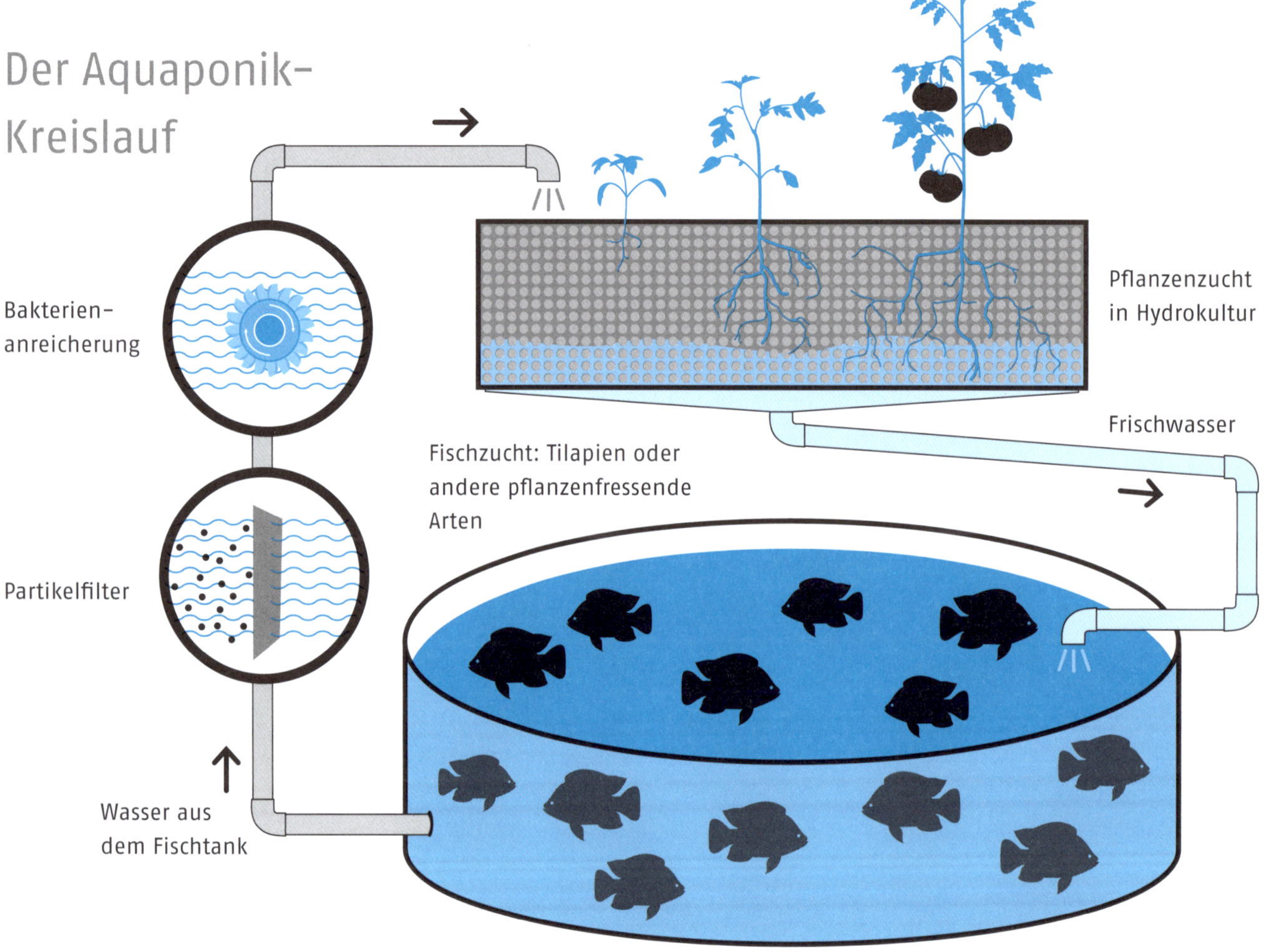

Der nahezu perfekte Kreislauf: Das von den Fischen »verschmutzte« Wasser aus dem Tank wird fast direkt in die Landwirtschaft zu Tomaten oder anderen Pflanzen gepumpt. Die gröbsten Partikel werden entfernt und Bakterien eingemischt, die es den Pflanzen erleichtern, die Nährstoffe aufzunehmen. Durch den so entstandenen natürlichen Dünger ernähren sich die Pflanzen, wachsen schneller und ertragreicher, wobei sie als positiven Nebeneffekt das Wasser reinigen, das direkt zurück zu den Fischen geleitet wird. Dem Wasser werden durch die Pflanzen genügend Nährstoffe beigesetzt, sodass sich die Futterorganismen der Fische gut entwickeln können, wodurch sich in einer gut organisierten Farm das Zufüttern der Fische drastisch reduzieren lässt oder fast vollkommen erübrigt. Auch der CO_2-Verbrauch ist durch den Einsatz der Pflanzen viel geringer, da weniger stromintensive Wasserfilterungstechnik eingesetzt wird. Weniger Fische pro Becken und höhere hygienische Standards bewirken weniger Stress und Krankheiten, wodurch ein präventiver Einsatz von Antibiotika unnötig wird.

So funktioniert die Fischzucht nachhaltig und ökologisch korrekt. Aquaponik wird momentan erforscht und bisher nur in wenigen Anlagen weltweit im industriellen Maßstab genutzt.

Quellen: DFO (2013), Maribus (2013)

Das System der Integrierten multitrophischen Aquakultur (IMTA)

Die Lachse in den Netzkäfigen sind die einzige Art im System, bei der zugefüttert wird. Mit ihren Ausscheidungen und Futterresten ernähren sie eine ganze Reihe weiterer Organismen.

Die Fischausscheidungen und Futterreste werden zu nebenan gezüchteten Muscheln und Tangen gespült, die dann die Nährstoffe aufnehmen beziehungsweise die Futterpartikel herausfiltern.

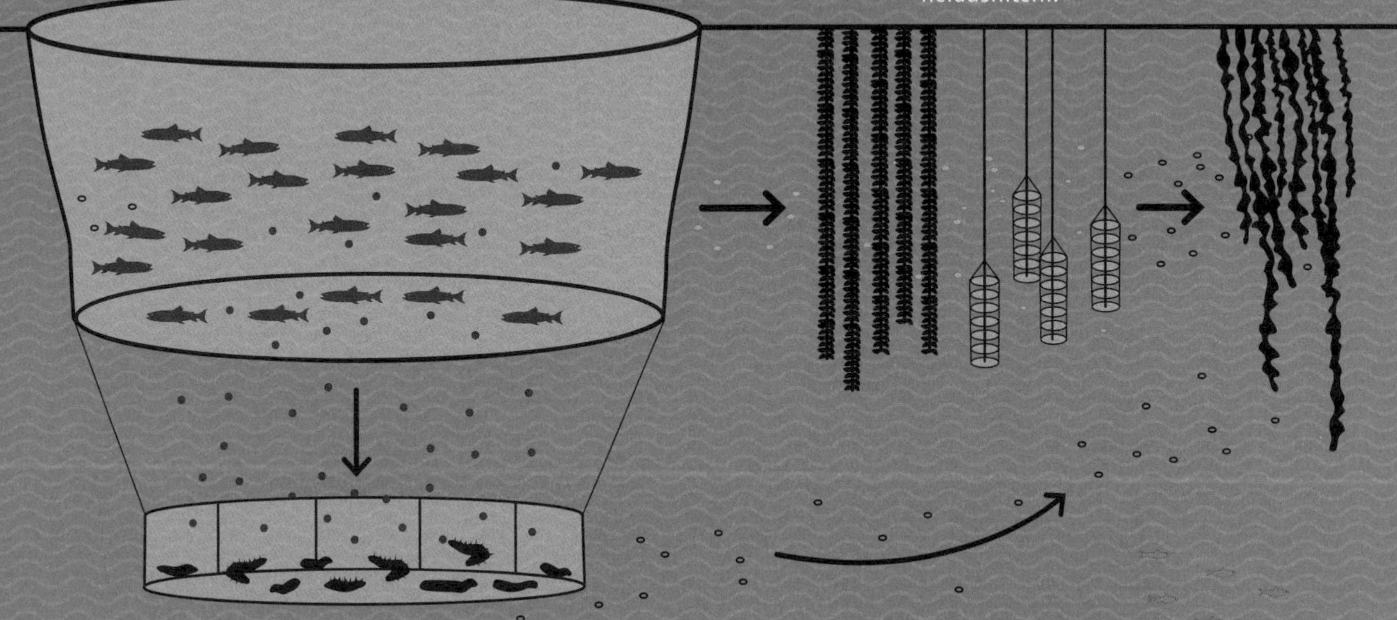

Überschüssiges, herabsinkendes Fischfutter und die Ausscheidungen der Fische werden von Seegurken gefressen, die in einem Käfig unterhalb der Fische gehalten werden.

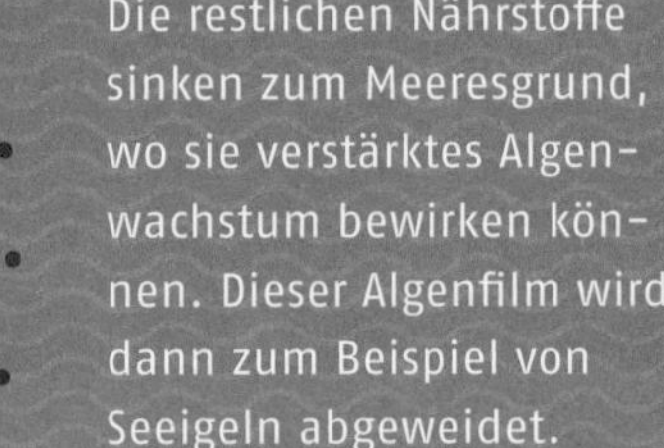

Die restlichen Nährstoffe sinken zum Meeresgrund, wo sie verstärktes Algenwachstum bewirken können. Dieser Algenfilm wird dann zum Beispiel von Seeigeln abgeweidet.

Durch die IMTA werden sonst auftretende negative Effekte wie zum Beispiel Überdüngung verhindert, und das ökologische Gleichgewicht im Bereich der Zuchtanlagen bleibt erhalten. Diese neuere Art der Aquakultur ist auf dem Weg, das Modell der Zukunft zu werden, denn sie ist zudem ökonomisch: Bei gleichem Futteraufwand und gleicher Fläche kann der Fischzüchter einen größeren Ertrag erzielen und weitere für den Verkauf interessante Arten züchten. Denn das System folgt dem Prinzip einer Permakultur, dem Gegenteil der Monokultur: Nicht nur eine Art wird gezüchtet, sondern eine Gemeinschaft von Arten. Momentan wird erforscht, welche weiteren Arten den IMTA-Kreislauf komplettieren könnten, auch im Hinblick auf natürliche Parasiten- und Bakterienkontrolle.

Illegale Fischerei

Von illegaler Fischerei spricht man, wenn Fangschiffe ohne Befugnis innerhalb der Hoheitsgewässer einer anderen Nation fischen, wenn sie die Fischereigesetze wie Fangzeiten oder Schutzzonen missachten oder wenn die Fänge und Anlandungen nicht offiziell registriert und gemeldet werden. Schätzungen zufolge wird jeder fünfte Fisch weltweit illegal gefangen. Mittlerweile haben 100 Staaten ein internationales Abkommen* zur Bekämpfung der illegalen Fischerei unterzeichnet.

*Agreement on Port State Measures (PSMA)

Teure, überfischte Arten sind oft das Ziel der illegalen Fischerei. Auf der Nordhalbkugel sind das vor allem Dorschartige, Lachse und Hummer, auf der Südhalbkugel meist verschiedene in Bodennähe lebende Fischarten sowie Langusten und Garnelen. Geschätzte 10 bis 23 Milliarden US-Dollar jährlich werden so am Fiskus und an Fangregulationen vorbei erwirtschaftet.

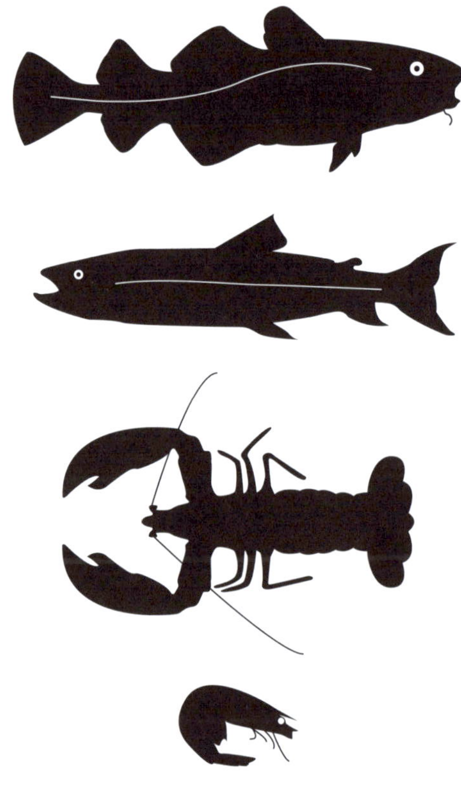

Legaler Fang:
91 Milionen Tonnen pro Jahr weltweit

Illegaler Fang:
geschätzte 20 bis 32 Milionen Tonnen pro Jahr weltweit

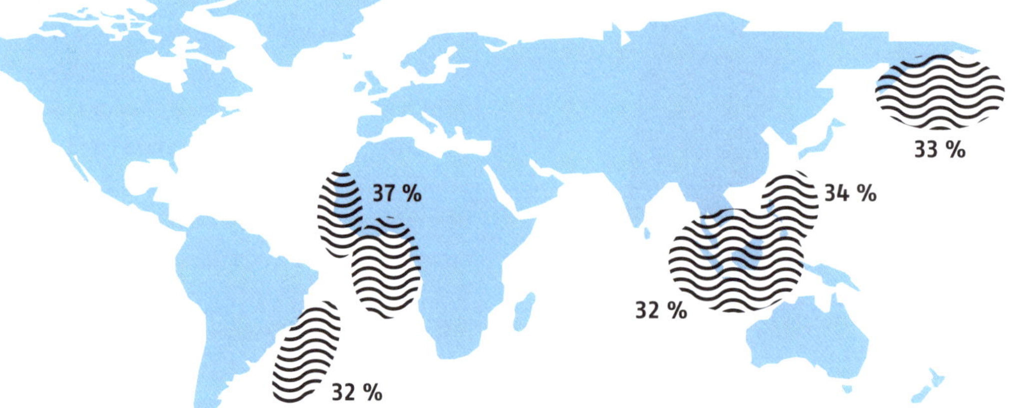

Die Hotspots der illegalen Fischerei: In diesen Regionen betrug der Anteil der illegalen Fischerei zwischen 2000 und 2003 nach Schätzungen von Wissenschaftlern 32 bis 37 % des Gesamtfangs der Region.

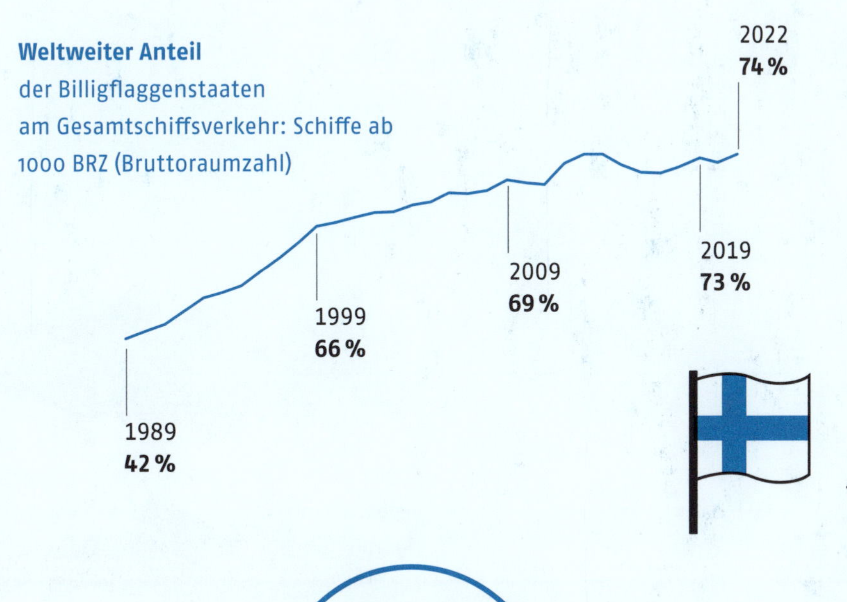

Die Ausflaggung in »Billigflaggenstaaten« boomt. Der Reeder kommt z.B. aus Finnland und registriert sein Schiff in Panama. Dadurch umgeht er die EU-Richtlinien für Gehälter, Gesetze, Steuern und regulierte Fangquoten.

Mehr als 700 große Fabrikschiffe verkehren unter Billigflaggen, um legale und illegale Fangschiffe auf den Ozeanen zu entladen und sie mit Proviant sowie Sprit zu versorgen. Dieses Vorgehen wird »Transshipping« genannt. So können die kleineren Fischfangschiffe ununterbrochen fischen, ohne den Heimathafen anlaufen und ihren Fang deklarieren zu müssen. Das spart Geld, Sprit und Zeit.

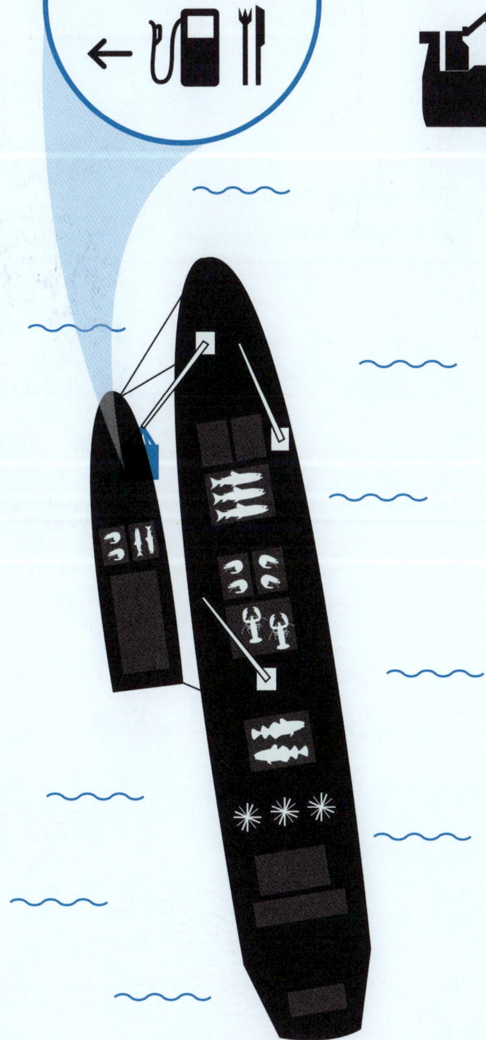

Die illegale, nicht registrierte und unreglementierte Fischerei führt zu höherem Druck auf die ohnehin schon angeschlagenen Bestände vieler Fischarten. Hinzu kommt, dass kleine traditionelle Fischer vor allem in ärmeren Ländern immer öfter leer ausgehen, da in ihren Hoheitsgebieten oft illegal 365 Tage im Jahr industriell gefischt wird. Entwicklungsländer, die sich keine Küstenwache leisten oder diese finanziell nicht einsatzfähig halten können, sind besonders oft betroffen.

Des Weiteren wird der illegale Fang oft in Häfen ohne Fischereiaufsicht oder in korruptionsanfälligen Ländern angelandet. Von diesem Fang wird entweder nur ein Bruchteil oder gar nichts deklariert. Die illegal gefangenen Fische, oft von Schiffen, die in Billigländer ausgeflaggt wurden, kommen in keiner Statistik vor, weshalb es enorm schwierig ist, die Bestandssituation und den Gefährdungsgrad vieler Fischarten einzuschätzen.

Auch wenn das Problem zunächst eins der Entwicklungs- und Schwellenländer zu sein scheint, werden die meisten illegal gefangenen Fische letztendlich in Industrieländer exportiert.

Quellen: Agnew et al. (2009), Maribus (2013), UN (2022), Rodrigue (2024)

Nachhaltige Fischerei

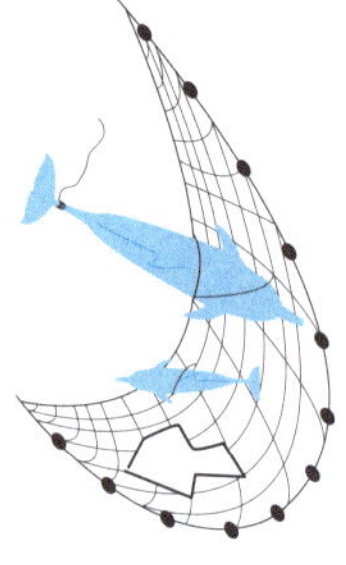

Fang-beschränkungen
Nur so viel zu fischen, dass sich die Fischbestände auf der Basis wissenschaftlicher Empfehlungen wieder auf natürliche Weise erholen können.

Minimierung von Beifängen
Nutzung von Methoden und Ausrüstung, um den unbeabsichtigten Fang von Nichtzielarten zu reduzieren.

Schutz der Lebensräume
Vergrößerung und konsequente Einhaltung strikter Meeresschutzgebiete (no-take Zonen), damit sich Fischbestände und Ökosysteme natürlich erholen können.

Verbesserung der Ausrüstung
Zur Verhinderung des Verlusts von Netzen, die als sogenannte »Geisternetze« durch die Meere treiben.

Effektives Management
Von der Fischereiforschung über Fangqouten und Praktiken zur Beifangreduktion bis hin zur Überwachung und Durchsetzung.

Überprüfung von Fischerei-Aktivitäten durch Satelliten

75 %

der industriellen Fischereischiffe zeigen ihre Position laut Satellitendaten der »Global Fishing Watch« nicht öffentlich. Satelliten leisten einen wichtigen Beitrag zur Aufdeckung illegaler Fischereiaktivitäten. Dank interaktiver, öffentlich zugänglicher Weltkarten können nun die Schiffsaktivtäten von 100 000 Fischereischiffen verfolgt werden.

globalfishingwatch.org

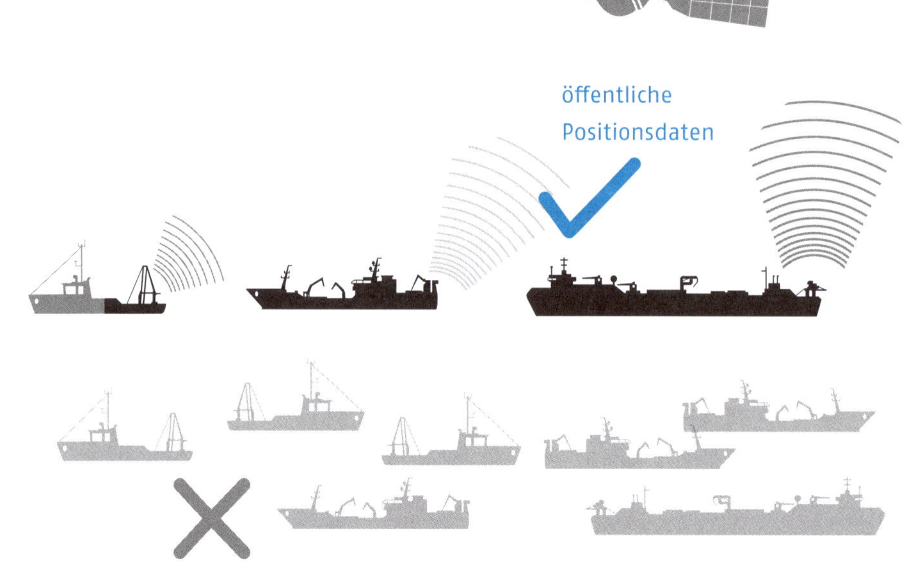

Quellen: FAO (2022 & 2025), WTO (2025)

Internationale Übereinkommen zur nachhaltigen Fischerei

Etappenziel:

35 %

mehr nachhaltige Fischerei bis 2030

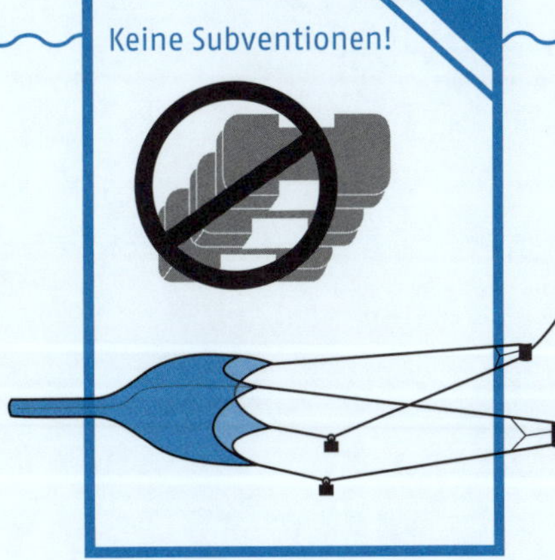

Die Ernährungs- und Landwirtschaftsorganisation der Vereinten Nationen (FAO) hat 2021 die »Blaue Transformation« ins Leben gerufen. Das Ziel: mit 100 % nachhaltiger Bewirtschaftung der Meere die Nahrungsmittelsicherheit zu verbessern, die Ernährung zu optimieren und Armut zu verringern.

Die Welthandelsorganisation (WTO) hat ein globales Fischereiabkommen verabschiedet, das sich gegen Subventionen für zerstörerische Fischereipraktiken einsetzt. So dürfen in vielen Ländern bald nur noch nachhaltige Fangpraktiken subventioniert werden.

Das Übereinkommen über Hafenstaatmaßnahmen der FAO ist 2016 in Kraft getreten. Wenn ein Schiff in illegaler, ungemeldeter und unregulierter Fischerei verstrickt ist, darf es in den 84 Vertragsstaaten des Übereinkommens keinen Hafen anlaufen oder seinen Fang anlanden.

Ursachen → direkte Folgen → indirekte Folgen → Lösungsansätze

Erneuerbare Energien S. 75

Nachhaltige »Blaue Wirtschaft« S. 90

Industriegebiet Ozean

Energie aus dem Meer

Die Meere liefern viele Energiequellen: von zukunftsweisenden grünen Technologien wie Offshore-Windkraftwerken, Wellen- und Tidenhubenergie, Thermalenergie und Salzkonzentrationsenergie bis zu fossilen Brennstoffen wie Öl und Gas oder Mineralien aus dem Tiefseebergbau.

Bei der OTEC-Technologie (Ocean Thermal Energy Conversion) wird der Temperaturunterschied von ca. 20 °C, der zwischen der Meeresoberfläche und dem Meeresboden besteht, genutzt, um Strom zu erzeugen.

Eine neue Technologie zur Nutzung des Salzgehaltsgradienten ist die Umkehrosmose. Damit kann an Flußdeltas Energie aus dem Unterschied in der Salzkonzentration zwischen Meerwasser und Süßwasser gewonnen werden.

> »Windkraft hat das Potenzial ein Drittel unserer globalen Energieversorgung zu generieren.«
>
> International Renewable Energy Agency (IRENA)

Kapazität der Offshore-Windkraft

weltweit, in Megawatt pro Jahr

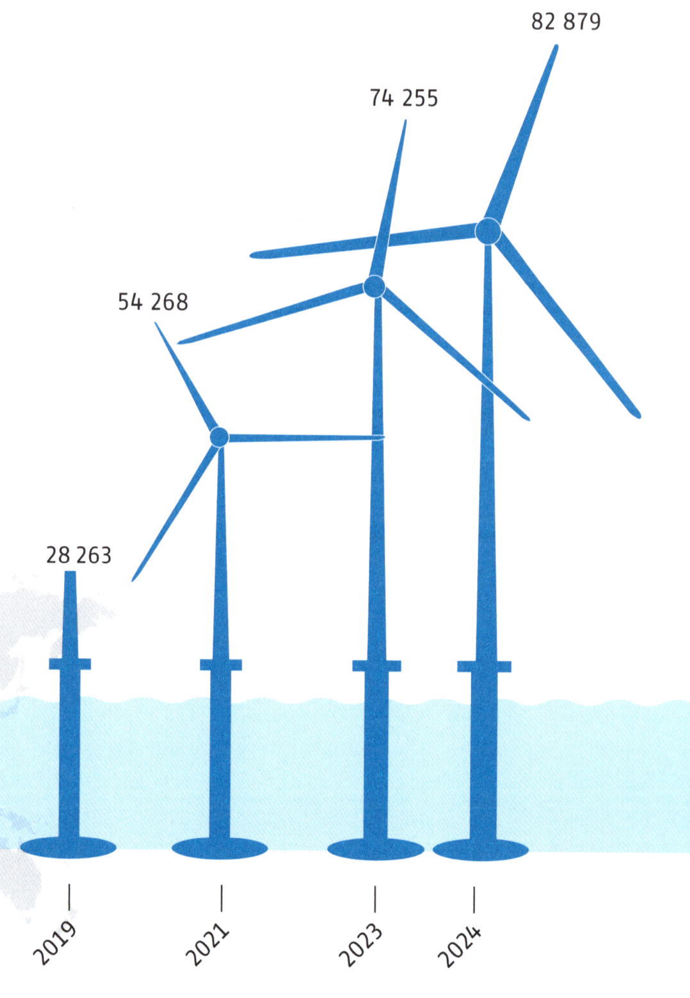

Elektrizitätsgewinnung

weltweit, 2024

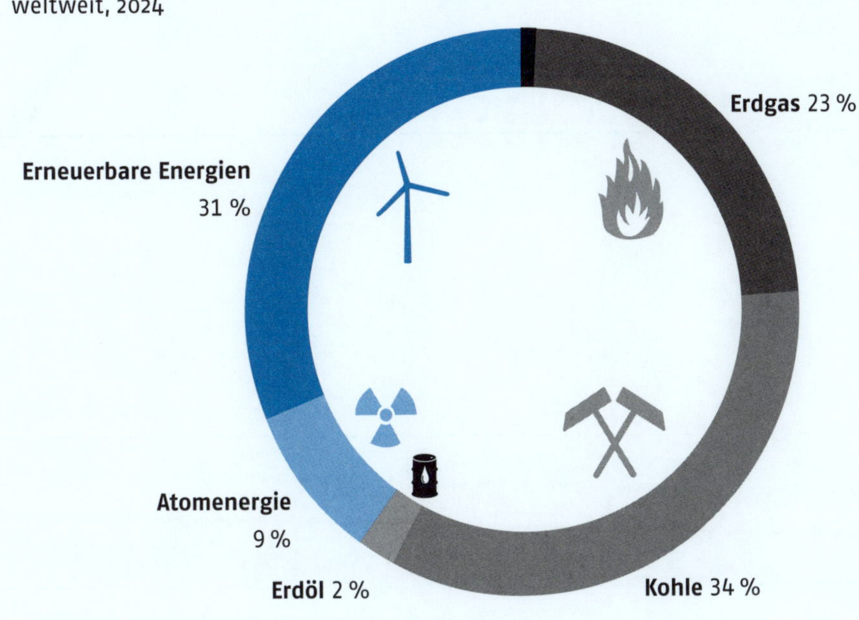

Der Strombedarf ist in den letzten 10 Jahren um 50 % gestiegen. Der Sektor der Erneuerbaren Energien ist dabei besonders stark gewachsen.

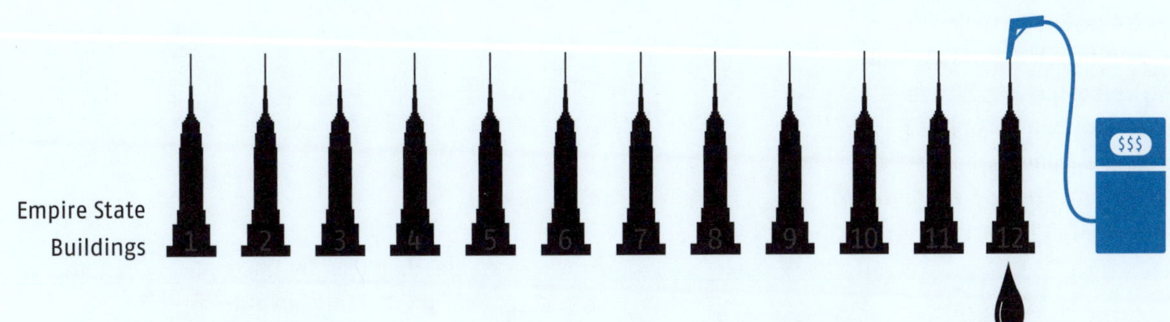

1 Tag

Ca. 104 Millionen

Fass Öl wurden 2024 täglich weltweit verbraucht, ca. 30 % davon kamen aus der Offshore-Produktion.

Obwohl das Pariser Klimaabkommen von 2015 den Ausstieg aus fossilen Brennstoffen vorsieht, steigt die Nachfrage nach Öl bislang weiter an.

Quellen: EIA (2024), EI (2025), IRINA (2019 & 2025)

Die Offshore-Windenergie wächst

Weltweit wächst die Zahl der Windkraftanlagen. 2024 betrug die Leistungsfähigkeit aller global installierten Offshore-Windenergieanlagen knapp 83 000 Megawatt. Nordeuropa ist mit mehr als 90 % der weltweiten Anlagen Vorreiter dieser innovativen Technik.

Die Offshore-Windkraft kann zwar mit ihrem Geräuschpegel und den Baumaßnahmen den Stress auf das Ökosystem kurzfristig zusätzlich erhöhen, allerdings überwiegen klar die positiven Effekte: Die hohe Effizienz der Anlagen führt indirekt zum schnelleren Abbau fossiler Energiegewinnungsanlagen, was den globalen CO_2-Ausstoß verringert, dem Klimawandel entgegenwirkt, die Luftqualität und damit auch die Gesundheit der Menschen verbessert.

Um die Anlagen herum darf nicht gefischt werden und es bilden sich künstliche Riffe um die Fundamente, was wiederum beides die Artenvielfalt fördert.

Bis zu **83** Kohlekraftwerke könnten theoretisch durch die weltweit installierten Offshore-Windanlagen ersetzt werden.

Bei dem Bau der Offshore-Windkraftanlagen entstehen kurzfristig neben dem hohen Geräuschpegel unter Wasser auch Sedimentwolken, außerdem wird der Meeresboden durch das Rammen der Fundamente verdichtet.

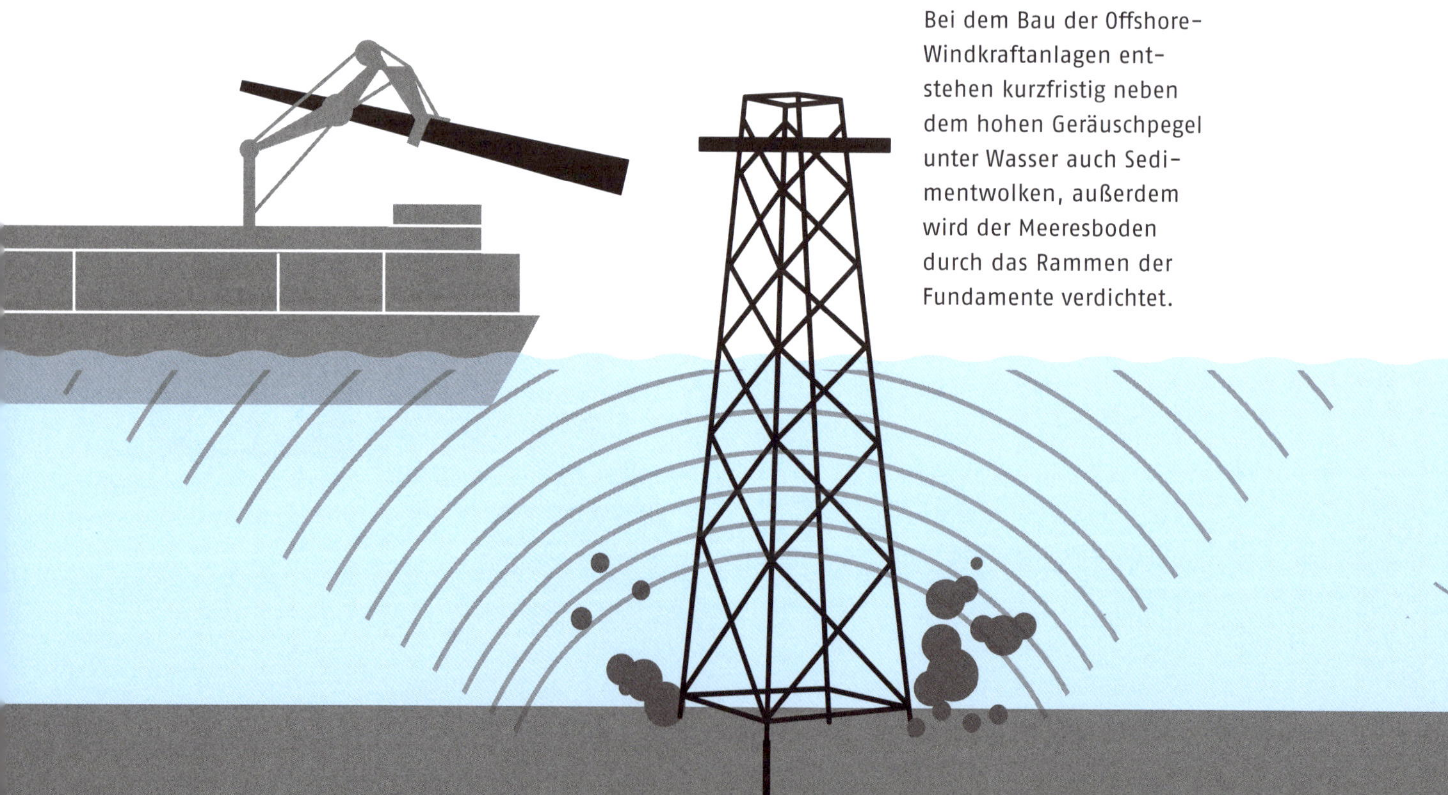

Quellen: EWEA (2016), Gill (2005), GWEC (2025), James (2013), Langhamer (2012), Wahlberg (2005), Zeiler (2005)

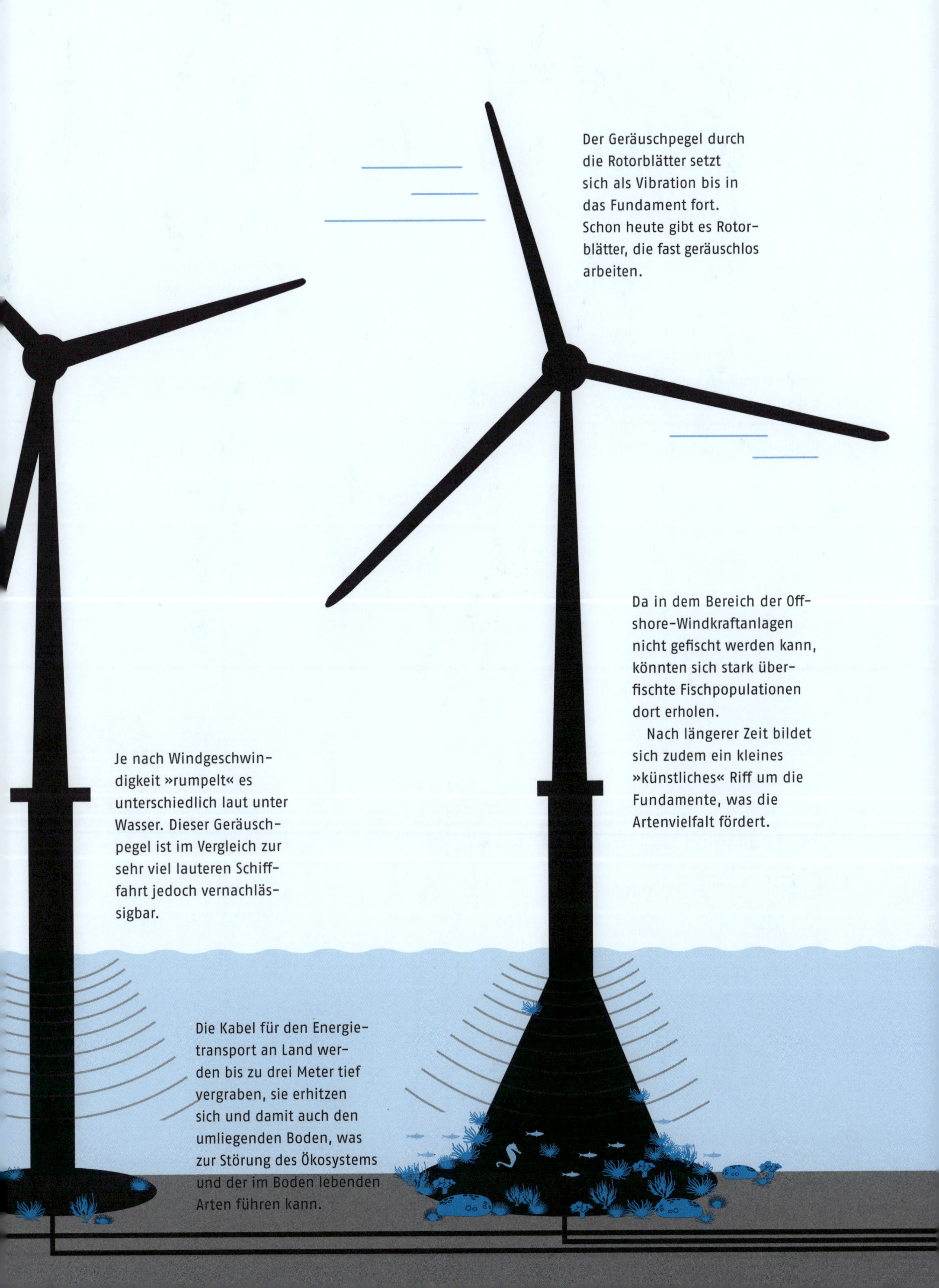

Der Geräuschpegel durch die Rotorblätter setzt sich als Vibration bis in das Fundament fort. Schon heute gibt es Rotorblätter, die fast geräuschlos arbeiten.

Da in dem Bereich der Offshore-Windkraftanlagen nicht gefischt werden kann, könnten sich stark überfischte Fischpopulationen dort erholen.

Nach längerer Zeit bildet sich zudem ein kleines »künstliches« Riff um die Fundamente, was die Artenvielfalt fördert.

Je nach Windgeschwindigkeit »rumpelt« es unterschiedlich laut unter Wasser. Dieser Geräuschpegel ist im Vergleich zur sehr viel lauteren Schifffahrt jedoch vernachlässigbar.

Die Kabel für den Energietransport an Land werden bis zu drei Meter tief vergraben, sie erhitzen sich und damit auch den umliegenden Boden, was zur Störung des Ökosystems und der im Boden lebenden Arten führen kann.

Zukünftige Energie aus Wellen und Gezeiten?

Die auf dem Wasser treibende »SeaGen F«-Gezeitenstromanlage und die unter Wasser installierte »Open centre«-Turbine wurden in der Fundy-Bucht in Kanada getestet.

Die auf dem Wasser treibende Wellenkraftanlage »Pelamis« wurde in Peniche, Portugal, und vor den schottischen Orkneyinseln getestet.

Die Gezeitenstromenergie ist sehr effektiv, wenn die Turbinen dort installiert sind, wo starke Strömungen herrschen. Sie können am Meeresboden installiert sein oder sichtbar an der Wasseroberfläche treiben. Die Turbine transformiert die horizontale Bewegung des Wassers in kinetische Energie. Allerdings können sie durch am Meeresboden rollende Geröllbrocken beschädigt werden.

Pilotprojekte rund um den Globus

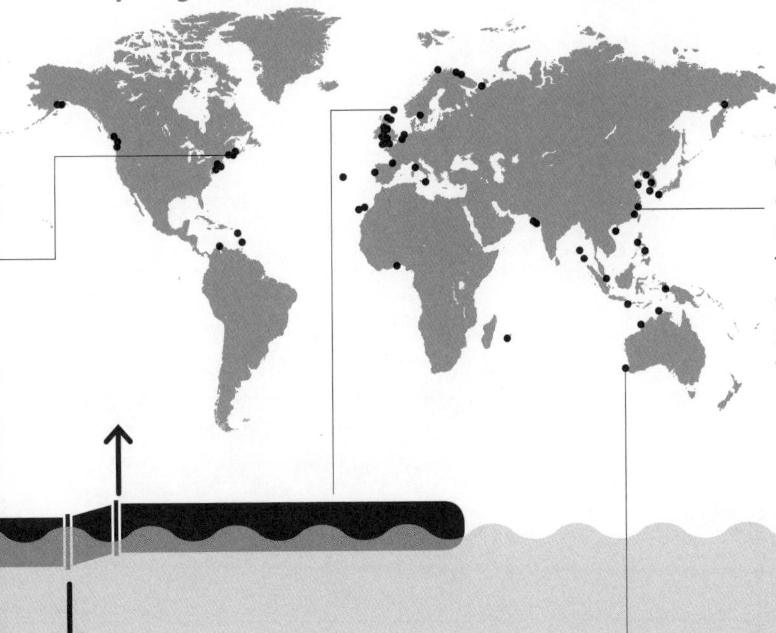

China erzielt mehr als 4100 Megawatt Leistung aus einer Tidenhubanlage sowie sieben Gezeitenstrom- und Wellenenergieanlagen.

An Land wird die hydrodynamische Energie durch Pumpen, Turbinen und Generatoren erst in mechanische, dann in hydraulische und schließlich in elektrische Energie umgewandelt.

Starke Winde auf hoher See produzieren Wellen, die bis an die Küste reisen, wo daraus Wellenenergie generiert werden kann. Unterschieden wird zwischen Unterwasserstrukturen und welchen, die auf dem Wasser treiben. Bislang gibt es ca. 25 unterschiedliche Anlagen, die weltweit getestet werden. Je stärker der Wind, desto mehr Energie haben die Wellen. Für Wellenenergie besonders gut geeignet wären demnach die Westküsten Europas, Südamerikas und Australiens.

Die Wellenkraftanlage »CETO« wurde in Perth, Australien, und vor der französischen Insel La Réunion getestet.

»Die Energie in Gezeitenströmungen ist nur in wenigen Buchten und Kanälen zur kommerziellen Nutzung hoch genug.«

Prof. Dr. Hartmut Graßl, Max-Planck-Institut für Meteorologie, Hamburg

Quellen: WEC (2013), OES (2014)

Rohstoffvorkommen in der Tiefsee

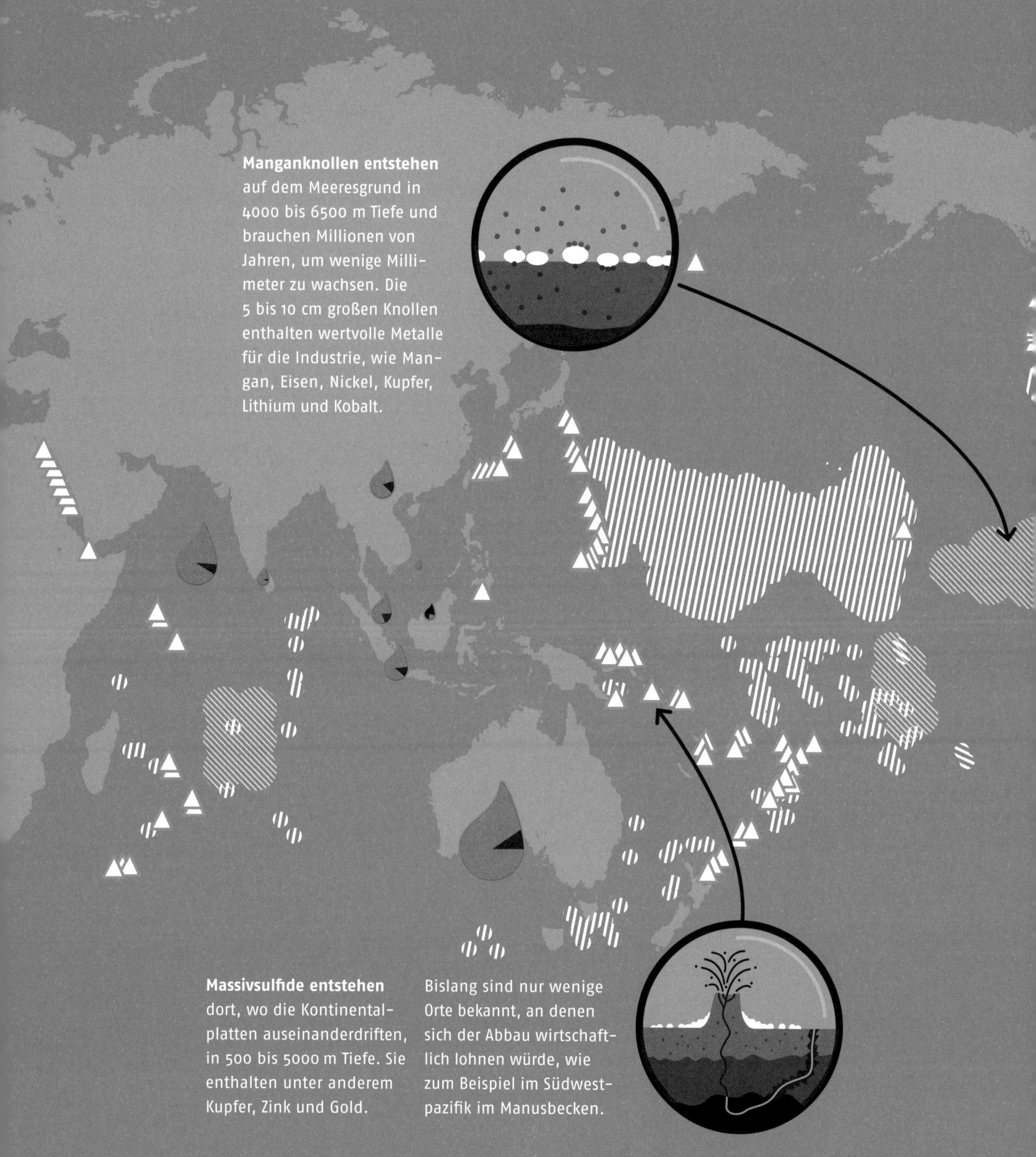

Manganknollen entstehen auf dem Meeresgrund in 4000 bis 6500 m Tiefe und brauchen Millionen von Jahren, um wenige Millimeter zu wachsen. Die 5 bis 10 cm großen Knollen enthalten wertvolle Metalle für die Industrie, wie Mangan, Eisen, Nickel, Kupfer, Lithium und Kobalt.

Massivsulfide entstehen dort, wo die Kontinentalplatten auseinanderdriften, in 500 bis 5000 m Tiefe. Sie enthalten unter anderem Kupfer, Zink und Gold.

Bislang sind nur wenige Orte bekannt, an denen sich der Abbau wirtschaftlich lohnen würde, wie zum Beispiel im Südwestpazifik im Manusbecken.

Vorkommen ab 400 m Meerestiefe Erdöl Erdgas Massivsulfide Manganknollen Kobaltkrusten

Kobaltkrusten wachsen noch langsamer als Manganknollen, in allen Wassertiefen, auf sedimentfreien Gesteinsoberflächen wie an Felshängen oder Seebergen. Sie bestehen hauptsächlich aus Mangan und Eisen und enthalten in geringen Mengen ökonomisch interessante Elemente wie Nickel, Kobalt, Kupfer, Titan und Seltene Erden. Letztere werden in Handys, Flachbildschirmen, Hybridfahrzeugen oder Windrädern verbaut.

Öl- und Gasförderung aus dem Meer wird immer wichtiger, sie macht rund ein Drittel der weltweiten Förderung aus. Momentan schätzt man die noch zu fördernden Reserven auf 171 Milliarden Tonnen, auf die Tiefseeförderung entfallen davon in etwa 30 Prozent.

Quellen: GEOMAR (2016), Maribus (2014), Rona (2003), UBA (2013), UNEP (2013)

Zerstörerischer Tiefsee-Bergbau

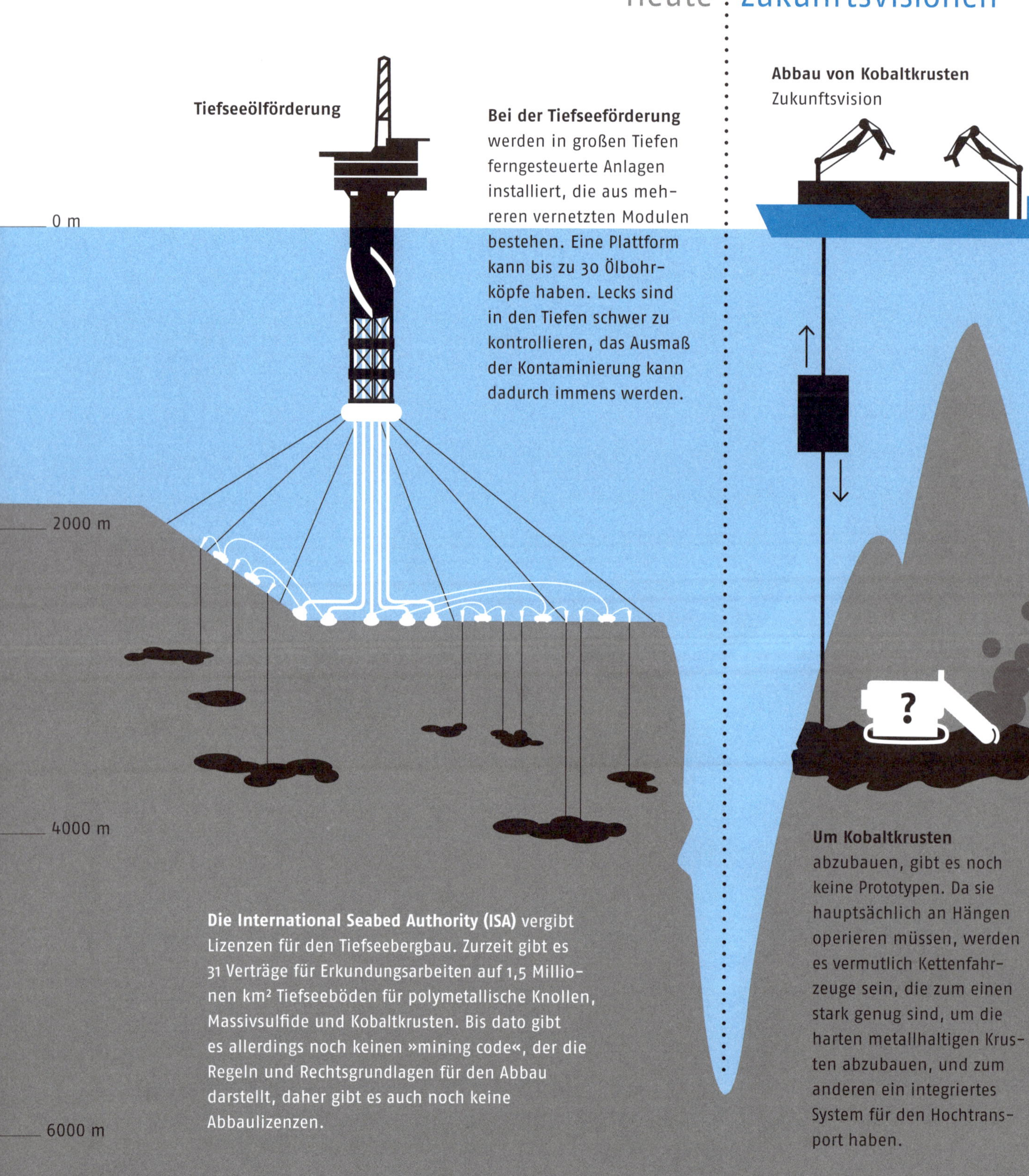

Bei der Tiefseeförderung werden in großen Tiefen ferngesteuerte Anlagen installiert, die aus mehreren vernetzten Modulen bestehen. Eine Plattform kann bis zu 30 Ölbohrköpfe haben. Lecks sind in den Tiefen schwer zu kontrollieren, das Ausmaß der Kontaminierung kann dadurch immens werden.

Die International Seabed Authority (ISA) vergibt Lizenzen für den Tiefseebergbau. Zurzeit gibt es 31 Verträge für Erkundungsarbeiten auf 1,5 Millionen km² Tiefseeböden für polymetallische Knollen, Massivsulfide und Kobaltkrusten. Bis dato gibt es allerdings noch keinen »mining code«, der die Regeln und Rechtsgrundlagen für den Abbau darstellt, daher gibt es auch noch keine Abbaulizenzen.

Um Kobaltkrusten abzubauen, gibt es noch keine Prototypen. Da sie hauptsächlich an Hängen operieren müssen, werden es vermutlich Kettenfahrzeuge sein, die zum einen stark genug sind, um die harten metallhaltigen Krusten abzubauen, und zum anderen ein integriertes System für den Hochtransport haben.

Tiefseebergbau gilt als Risiko für bisher kaum erforschte Ökosysteme, wie z. B. die polymetallische Schlammfauna. Durch den Bergbau wird Leben und Lebensräume auf dem Meeresboden großflächig zerstört: der Meeresboden wird abgetragen, es entstehen Sedimentwolken am Meeresgrund, chemische Belastung sowie Lärm- und Lichtverschmutzung drohen das fragile Gleichgewicht der Ökosysteme zu stören.

Ein 15 000 km² großes Abbaufeld hätte indirekte Konsequenzen für bis zu 75 000 km² Tiefseeökosysteme, die zu den artenreichsten Ökosystemen der Erde zählen. Die Tiefsee ist bislang nur zu kleinen Teilen erforscht, droht aber unwiederbringlich zerstört zu werden, daher haben 38 Staaten, über 60 Konzerne, zahlreiche NGOs und 900 Wissenschaftler ein Tiefseemoratorium gegen den Abbau unterschrieben.

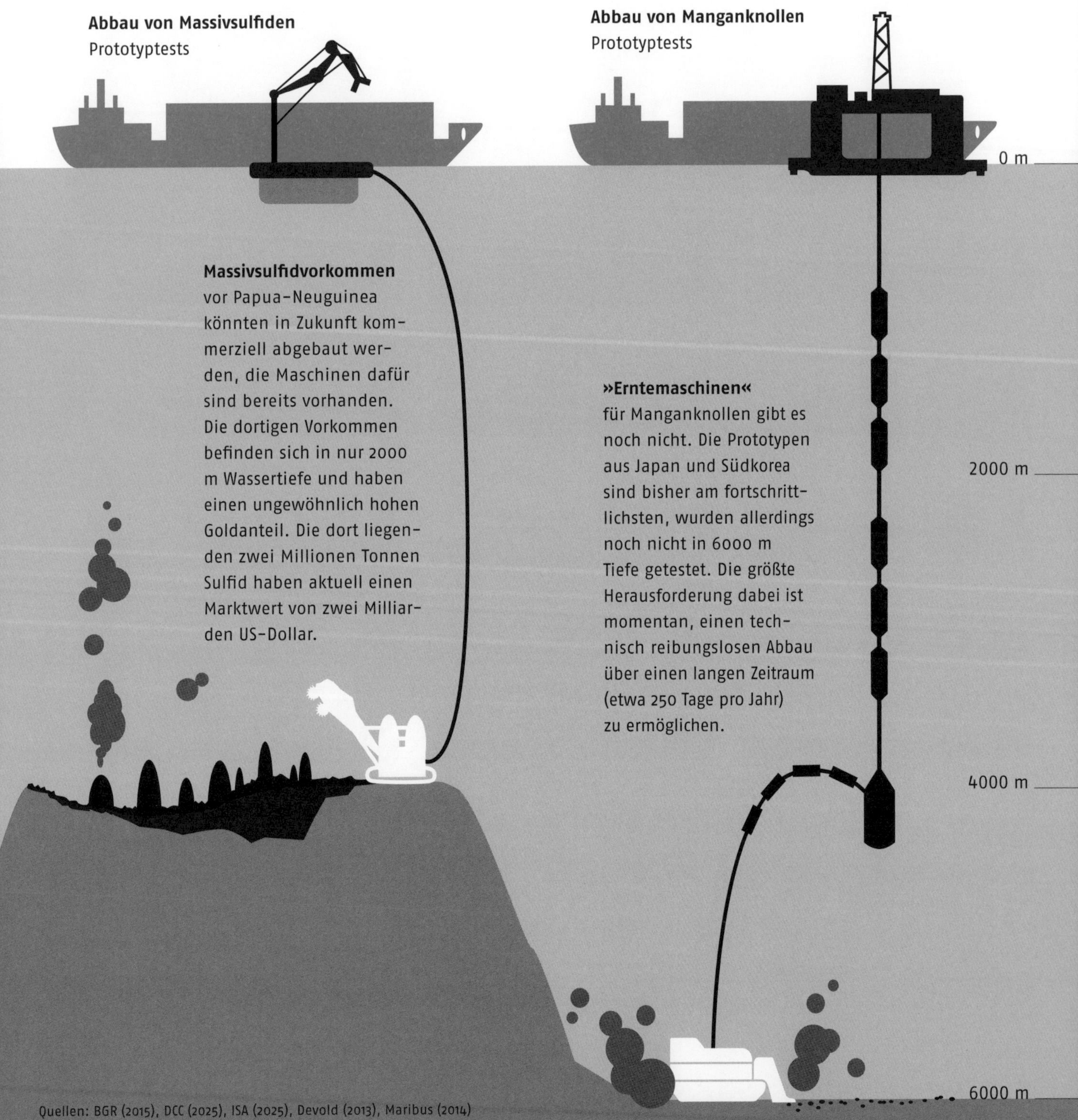

Transportweg Ozean

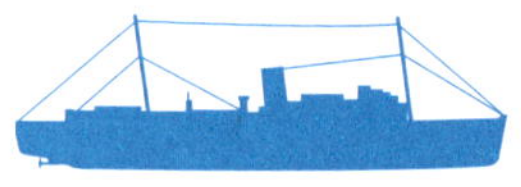

91 GT Welthandelsflotte 1955

2 354 000 000 dwt Welthandelsflotte 2024

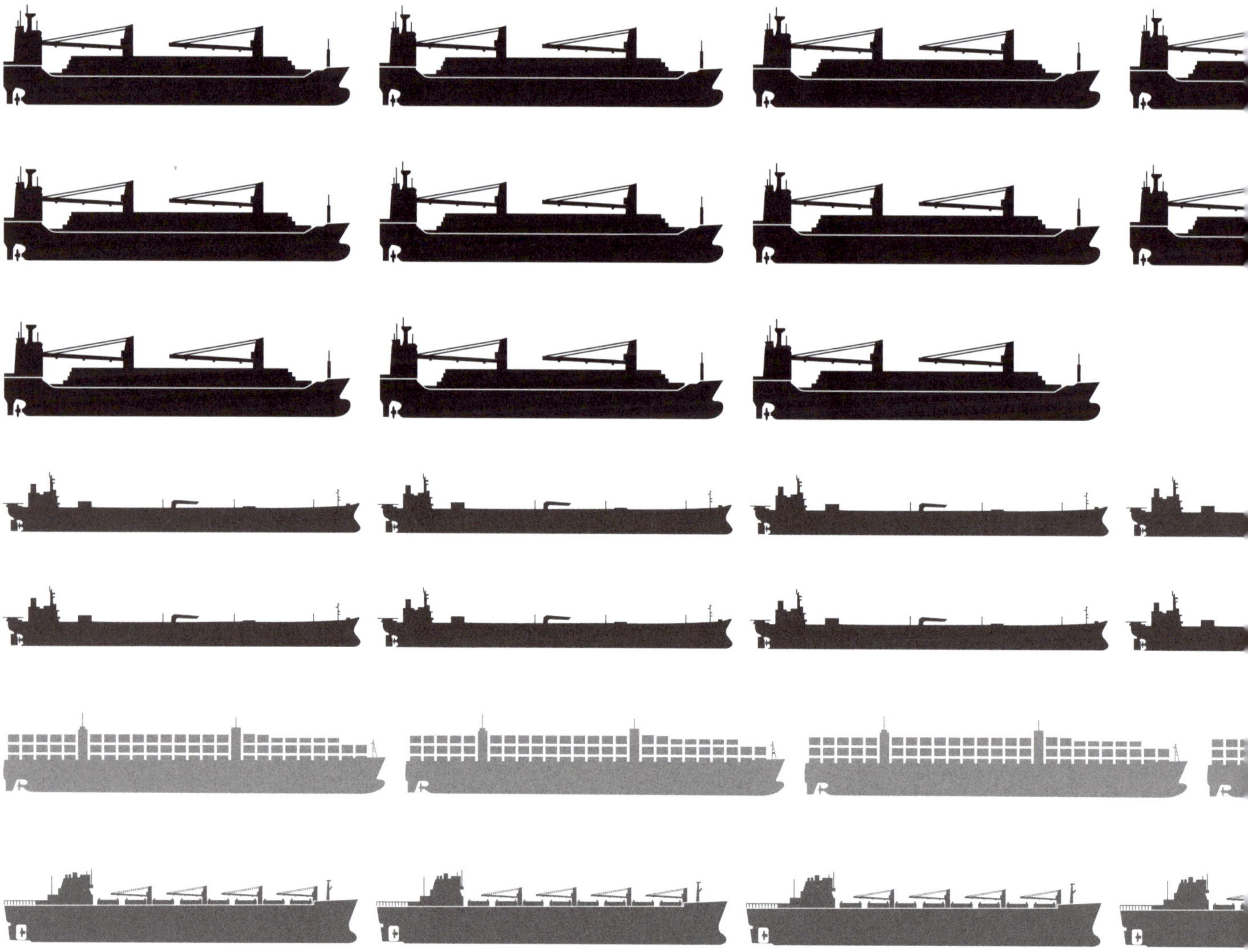

83 200 000 dwt Stückgutschiffe

GT = Gross Tonnage
dwt = (Tragfähigkeit)

Rund 90 % des Welthandels werden durch weltweit ca. 109 000 Frachtschiffe bewältigt – sie sind der wahre Motor der Globalisierung. Mit der steigenden Größe der Schiffe fallen die Transportpreise pro Container, während die Emissionen insgesamt mit der Größe der Schiffe anwachsen. Die meisten Fracht- und Kreuzfahrtschiffe fahren mit Schweröl und ohne Rußfilter. Die dadurch emittierten Schwefeloxide und Schwermetalle sowie der Feinstaub tragen signifikant zu Gesundheitsproblemen bei, besonders im Küstenbereich.

1955

2024

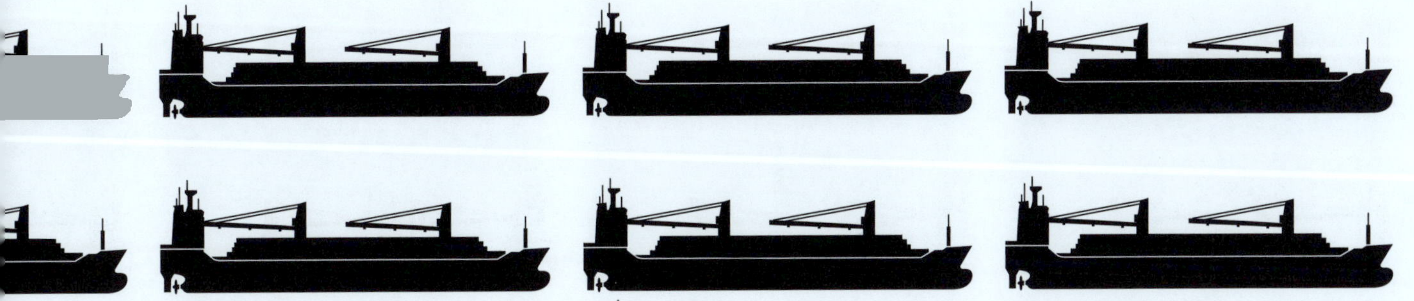

1 004 200 000 dwt Massengutschiffe

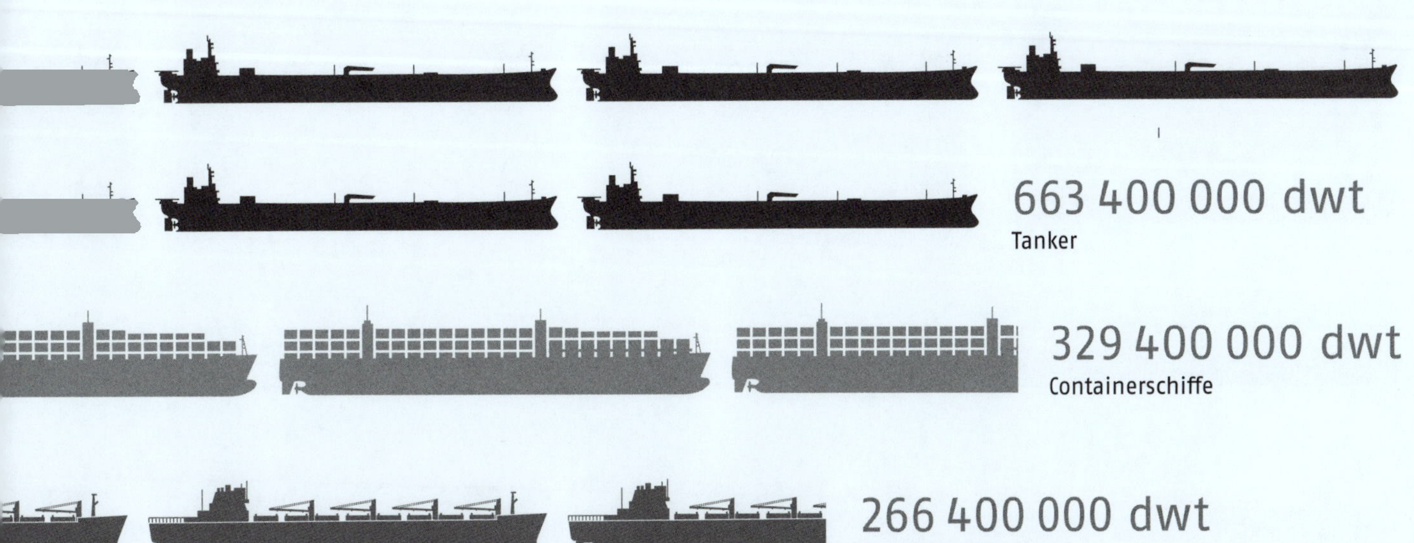

Quellen: KEG (1970), NABU (2014), UNCTAD (2024, 2025)

Schädliche Schiffsemissionen

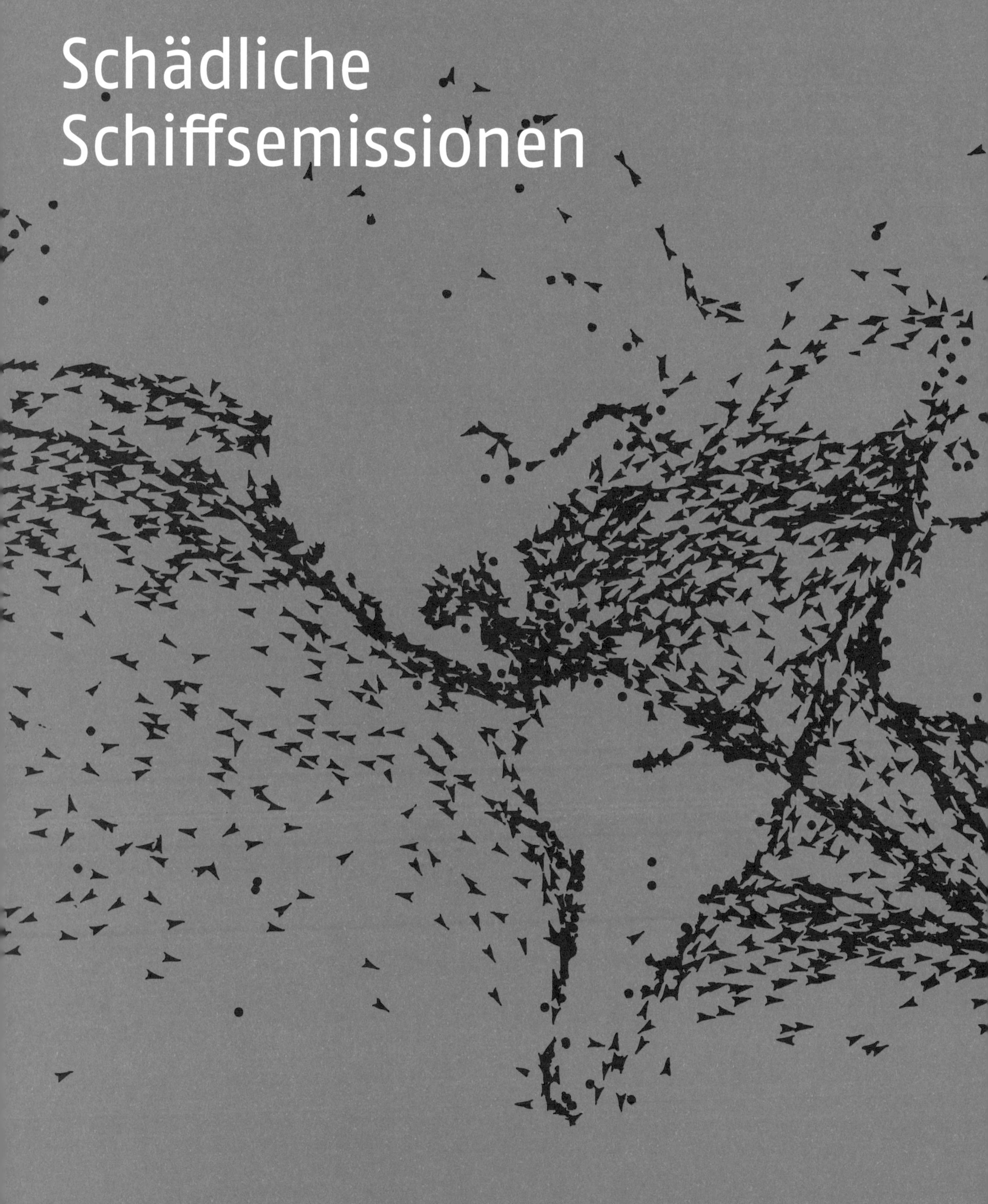

Quellen: Marine Traffic (2025), Mueller et al. (2023)

= 1 Frachtschiff

Momentaufnahme, 15.09.2025

Im Jahr 2020 starben ca. 265 000 Menschen an den Folgen der Luftverschmutzung durch Schiffsemissionen.*

*Insgesamt sterben jedes Jahr ca. 4,1 Mio. Menschen durch Luftverschmutzung.

Schiffsemissionen sind für 3 % der weltweiten Treibhausgasemissionen sowie für 13 % der Stickoxid- und 12 % der Schwefeloxid-Emissionen verantwortlich. Außerdem werden Feinstaub, Ruß und Methan ausgestoßen, die gesundheitsschädlich sind. Neben Lungenkrankheiten können diese Stoffe auch Herz- und Gefäßkrankheiten, Schlaganfall und Frühgeburten auslösen.

Die EU hat daher Richtlinien zur Senkung der Luftverschmutzung eingeführt: So darf der Schwefelgehalt im Kraftstoff 0,1 % nicht überschreiten, wenn Schiffe länger als zwei Stunden in EU-Häfen andocken. Außerdem sollen alle großen EU-Häfen Landstrom anbieten, damit Frachter die Luftqualität der Hafenstädte nicht durch ihre laufenden Motoren verschlechtern.

Global hat die Internationale Maritime Organisation (IMO) den Schwefelgrenzwert auf 0,5 % gesenkt.

Grausame Geräusche

Die Lärmverschmutzung der Ozeane hat sich seit 1950 jedes Jahrzehnt verdoppelt. Abhilfe schaffen leisere Schiffsschrauben, Routenführung und Geschwindigkeitsreduktion.

Empfänger

Seismische Erkundungen nutzen extrem laute Geräusche, um durch Gestein hindurchzudringen und Öl zu finden. Wochen- oder monatelang, 24 Stunden am Tag werden die »Airguns« mehrmals pro Minute abgefeuert. Dabei werden Meeressäuger, Planktonlarven, Krill und Weichtiere geschädigt oder kommen zu Tode.

250 dB

1 Mio.
mal lauter* als Walgesang (180 dB)

2010

Seit mehreren Jahren wächst die Schiffsaktivität im ostkanadischen Sankt-Lorenz-Strom, parallel dazu begann die Belugawalpopulation zu sinken. Um dem entgegenzuwirken, gilt ein Teil des Flusses inzwischen als Schutzgebiet.

2000

1990

Schwertwale um Vancouver Island werden von dem Schiffsverkehr so gestresst, dass sie ihre Schwimmgeschwindigkeit erhöhen und die Gegend verlassen, wenn mehr als ein Schiff in der Nähe ist. Dadurch verbrauchen sie wertvolle Energie, die sie sonst auf die Nahrungssuche verwenden könnten.

1980

1970

1960

1950

*Die Skala zur Messung von Dezibel (dB) ist logarithmisch:
20 dB = 10-mal intensiver als 10 dB
30 dB = 100-mal intensiver als 10 dB
usw.

Quellen: Dorey (2022), Jasny et al. (2005), Nowacek et al. (2001), Pine et al. (2021), Schorr et al. (2014), Veirs et al. (2016)

Lärmverschmutzung ist eine der wenigen Umweltverschmutzungen, die keine Spuren hinterlässt. Sobald sie aufhört, bleibt nichts zurück.

Während des Covid-19 Lockdowns, herrschte 44 % weniger Schiffsverkehr. Ohne die Lärmbelästigung der Motoren konnten Delfine und Fische in viel größeren Distanzen kommunizieren: ca. 65 % weiter reichten ihre Laute.

Walstrandungen können durch ein gestörtes Navigations- und Hörorgan verursacht werden. Seismische Erkundungen mithilfe sogenannter Airguns und U-Boote können die Wale taub machen – so beeinträchtigt, können sie Paarungspartner nicht mehr lokalisieren, finden keine Nahrung mehr und schwimmen ziellos umher.

U-Boote mit LFAS-Sonar emittieren Schallwellen von **100** bis **500 Hertz** und Schallstärken bis zu **230 Dezibel.** Das ist 100 000-mal lauter* als eine Rakete (180 dB).

Das sogenannte Low Frequency Active Sonar (LFAS), eingebaut in U-Booten der US Navy, schickt extrem laute Niederfrequenzschallwellen in die Meere und spürt so die fast lautlosen Atom-U-Boote auf.

Der verkabelte Ozean

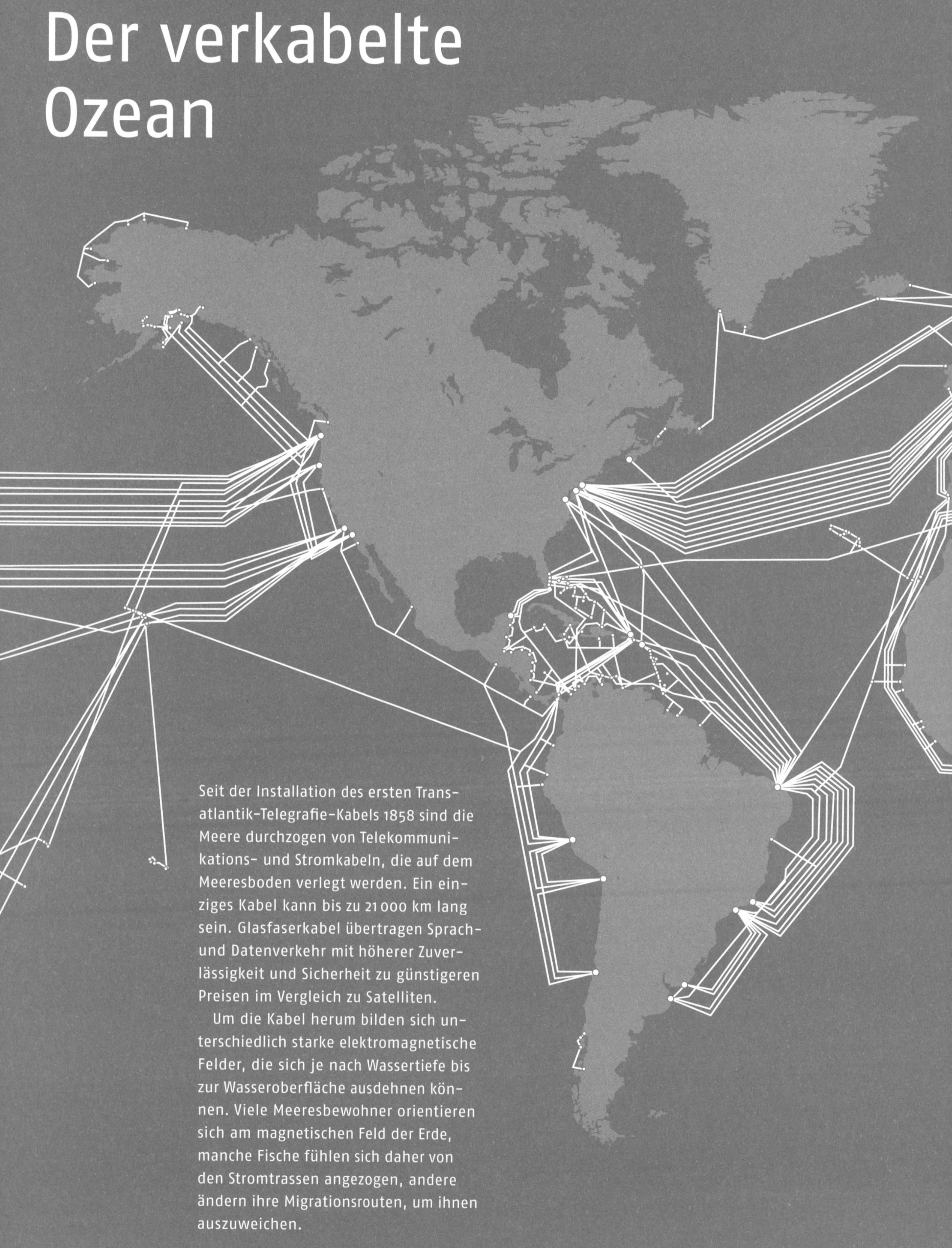

Seit der Installation des ersten Transatlantik-Telegrafie-Kabels 1858 sind die Meere durchzogen von Telekommunikations- und Stromkabeln, die auf dem Meeresboden verlegt werden. Ein einziges Kabel kann bis zu 21 000 km lang sein. Glasfaserkabel übertragen Sprach- und Datenverkehr mit höherer Zuverlässigkeit und Sicherheit zu günstigeren Preisen im Vergleich zu Satelliten.

Um die Kabel herum bilden sich unterschiedlich starke elektromagnetische Felder, die sich je nach Wassertiefe bis zur Wasseroberfläche ausdehnen können. Viele Meeresbewohner orientieren sich am magnetischen Feld der Erde, manche Fische fühlen sich daher von den Stromtrassen angezogen, andere ändern ihre Migrationsrouten, um ihnen auszuweichen.

Quellen: Andrulewicz (2003), TG (2016), Starosielski (2015), ICPC (2025)

Nachhaltige »Blaue Wirtschaft«

333 Mrd €
pro Jahr

erwirtschaftet der globale maritime Transporthandel mit Fracht.

Wert der marinen Waren und Dienstleistungen
weltweit, 2023

625 Mrd €
pro Jahr

erwirtschaftet der globale Küsten- und Meerestourismus, dabei wächst der Sektor um rund 80 % jährlich. Vermehrter Ecotourismus, gezielte Besucherlenkung und -bildung, Abwassermanagement und Umweltschutz-Zertifizierungen wie die »Blue Flag« werden daher immer wichtiger.

Nachhaltige Frachtschiffe
Die Französische »Neoliner Origin« gilt mit einer Länge von 136 Metern als das größte Frachtsegelschiff der Welt, es kann pro Strecke bis zu 80 % CO_2 einsparen.

298 Mrd €
pro Jahr

erwirtschaftet die schnellwachsende Sektor der Herstellung von Meeres-Hightech-Produkten.

300 Mrd €
pro Jahr

erwirtschaftet der globale Handel mit Schiffen und Hafenequipment, der Bau von nachhaltigen Schiffen nimmt schnell zu.

Schiff mit Batterieantrieb
Das weltweit größte batteriebetriebene Transportmittel ist die Fähre »China Zorrilla«. Sie hat eine Länge von 130 Metern und kann 2100 Passagiere transportieren. 2025 in Tasmanien fertiggestellt, geht sie in Südamerika in Betrieb.

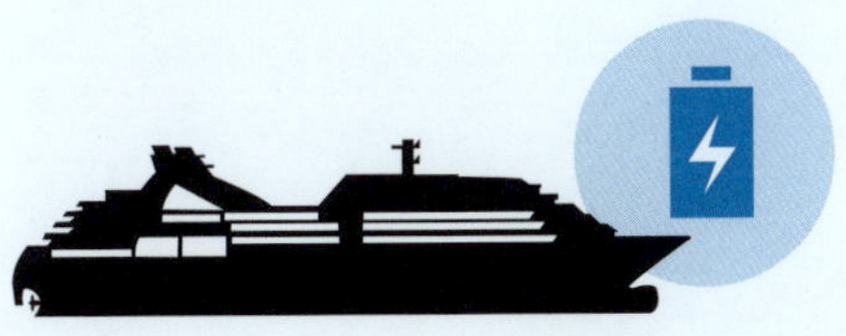

Bioplastik
Der Markt für Bioplastik wächst rasant und ist bereits bei 10,8 Mrd. Euro angelangt. Unter anderen werden Algen für nachhaltige Materialien wie Bioplastik genutzt. Die Europäische Kommission unterstützt dies und hat eine Algenstrategie erarbeitet: **EU4Algae.**

348 Mrd €
pro Jahr

erwirtschaften weitere meeresbezogene Handels- und Produktsektoren.

Genetische Ressourcen
Die Nutzung mariner genetischer Ressourcen in Medizin, Kosmetik und Chemie ist eine schnell wachsende Milliardenindustrie.

17 zugelassene Medikamente gegen Krebs, Schmerzen, Virusinfektionen und Herzerkrankungen enthalten Wirkstoffe, die aus den Meeren stammen.

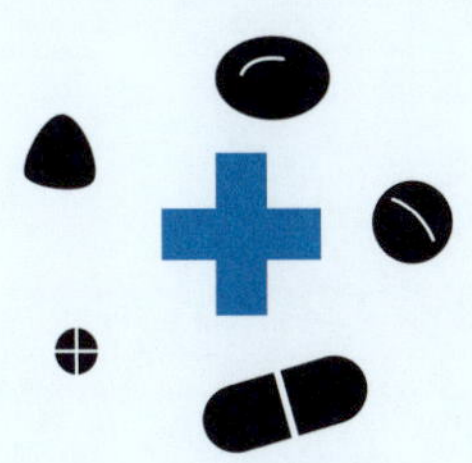

Quellen: EU-Umweltbüro (2022), Marine Pharmacology (2025), UNCTAD (2025), WEF (2023), Zhivkoplias et al. (2024)

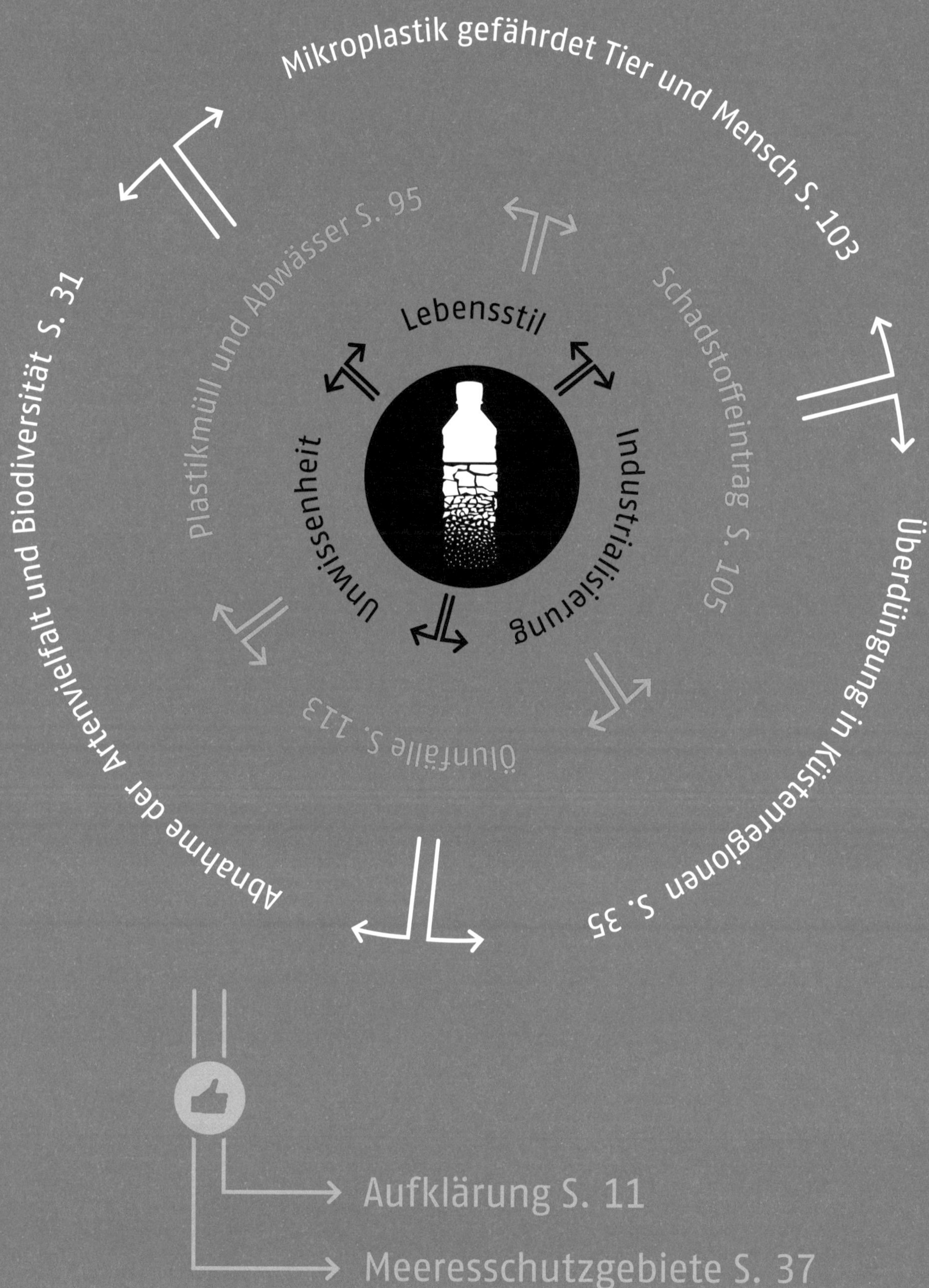
Lebensstil
Industrialisierung
Unwissenheit
Plastikmüll und Abwässer S. 95
Schadstoffeintrag S. 105
Ölunfälle S. 113
Mikroplastik gefährdet Tier und Mensch S. 103
Überdüngung in Küstenregionen S. 35
Abnahme der Artenvielfalt und Biodiversität S. 31
Aufklärung S. 11
Meeresschutzgebiete S. 37

Verschmutzung

Wie kommt es zur Verschmutzung der Meere?

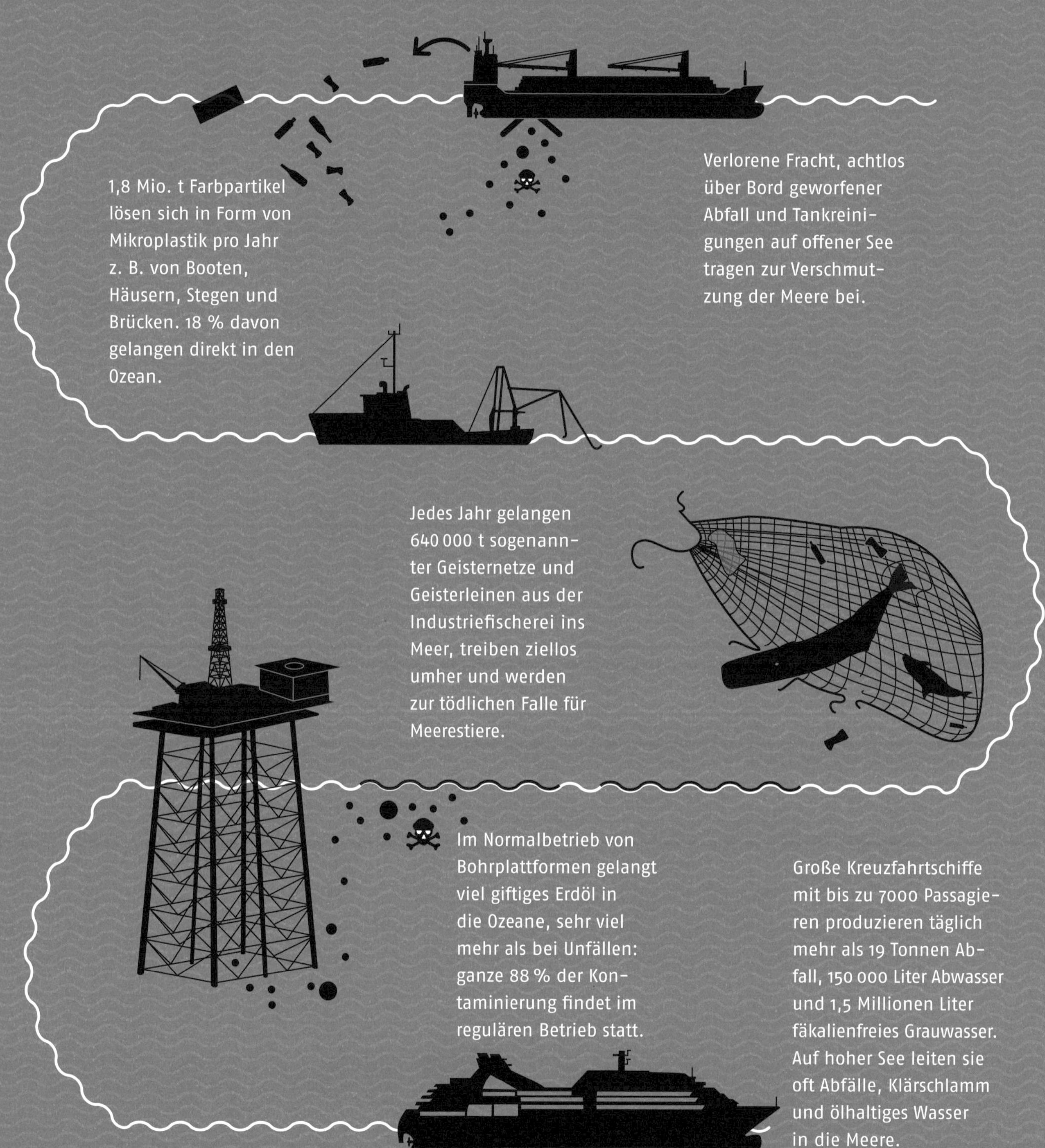

Quellen: CSE (2013), EPA (2012), Klein (2009), Maribus (2010), Paruta et al. (2022), UBA (2015), UNEP (2005)

Nur etwa 20 % des Plastiks gelangt direkt...

Industrienationen vs. Schwellen- und Entwicklungsländer

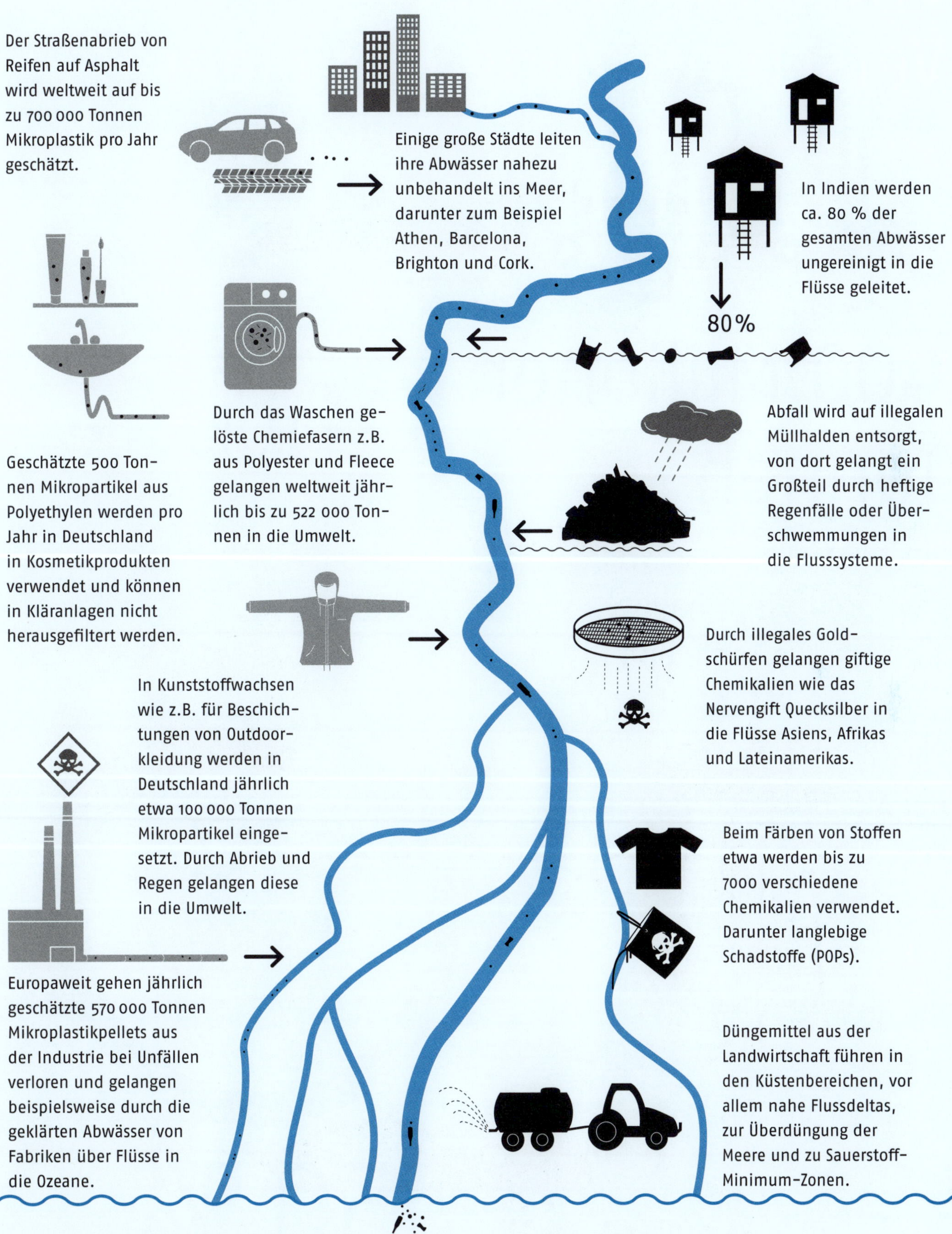

...und ca. 80 % gelangt über Flüsse ins Meer.

Plastikmüll im Meer

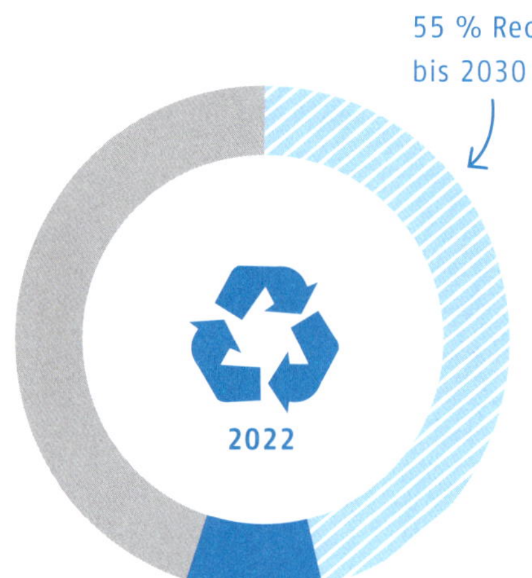

400 Millionen Tonnen

Plastik wurden 2022 weltweit produziert, hauptsächlich aus Kohle und Öl gewonnen emittiert 1 Kg Plastik ca. 3 Kg CO_2.
Der Müllberg wächst täglich: Ein Großteil des seit 1950 produzierten Plastiks ist fast in Originalform auf der Erde zu finden.

9 %

des weltweiten Plastikmülls wurde recycelt.

Plastik, das nach einmaligem Verbrauch weggeschmissen wird: **50 %**

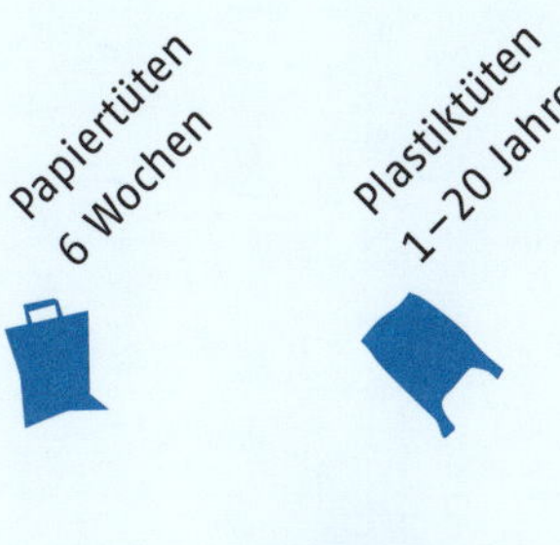

aufgeschäumte Plastikverpackungen
50 Jahre

Aluminiumdosen
200 Jahre

Plastikflaschen
200–450 Jahre

Sixpack-Ringe
400 Jahre

Angelschnüre
600 Jahre

Ca. **450 Jahre**

zerfällt eine PET-Flasche im Ozean in immer kleinere Stücke, bis man sie mit dem bloßen Auge nicht mehr sehen kann. Plastik ist nicht biologisch abbaubar und verschwindet somit nie ganz.

Mehr als

1 Mio.

Seevögel und Fische sowie über 100 000 Meeressäugetiere sterben jährlich an gefressenen oder um sie gewickelten Plastikteilen.

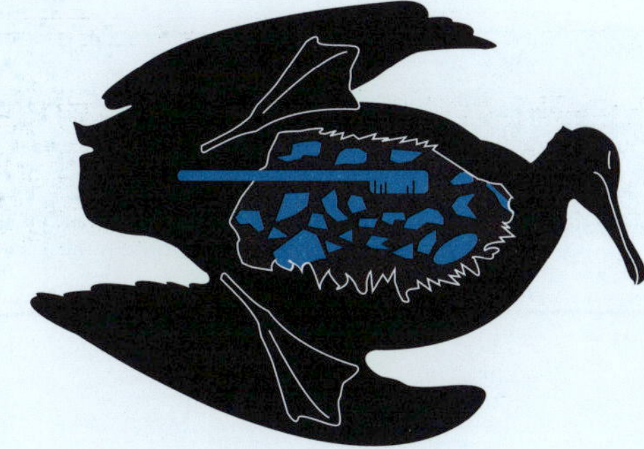

Quellen: Dokl et al. (2024), Schlining et al. (2013), PE (2023), Subba Reddy (2014), UNEP (2015), WEF (2016)

Die fünf großen Müllstrudel

Durch den Menschen verantwortet, durch die globalen Strömungen und Winde geformt: die fünf »Müllstrudel«, in denen sich der auf den Meeren treibende Plastikmüll konzentriert und sich langsam in immer kleinere Teile zersetzt.

Angeschwemmter Plastikmüll wird heute in allen Teilen der Ozeane gefunden, er verteilt sich durch das komplexe System der Meeresströmungen bis in die entlegensten Winkel der Erde. Der Plastikmüll im Ozean wird momentan auf 30 Millionen Tonnen geschätzt, weitere 109 Mio t haben sich in Flüssen angesammelt und wird langsam in die Ozeane gespült. Es gibt Initiativen, die diesen Plastikmüll an Flussdeltas mit Netzen oder Müllsammelbooten auffangen, z. B. The Ocean Cleanup, River Cleanup, Waste Free Oceans oder die Clean Currents Coalition.

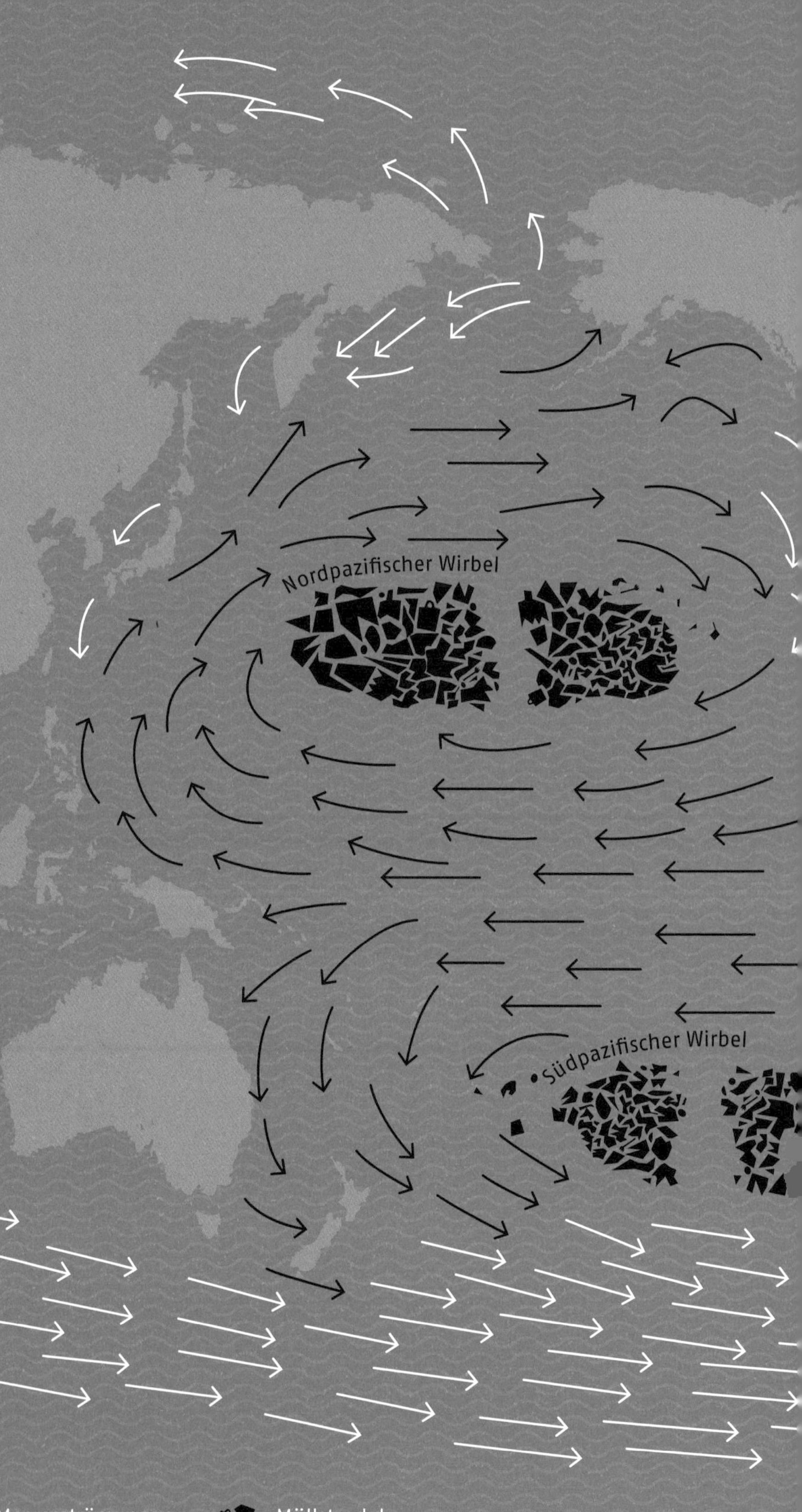

Jede Minute gelangt ein ganzer Mülltransporter voll Plastikmüll irgendwo auf der Welt in die Meere. Acht Millionen Tonnen Plastik jährlich. Bei gleichbleibender Verschmutzung könnte sich bis 2050 diese Menge vervierfachen.

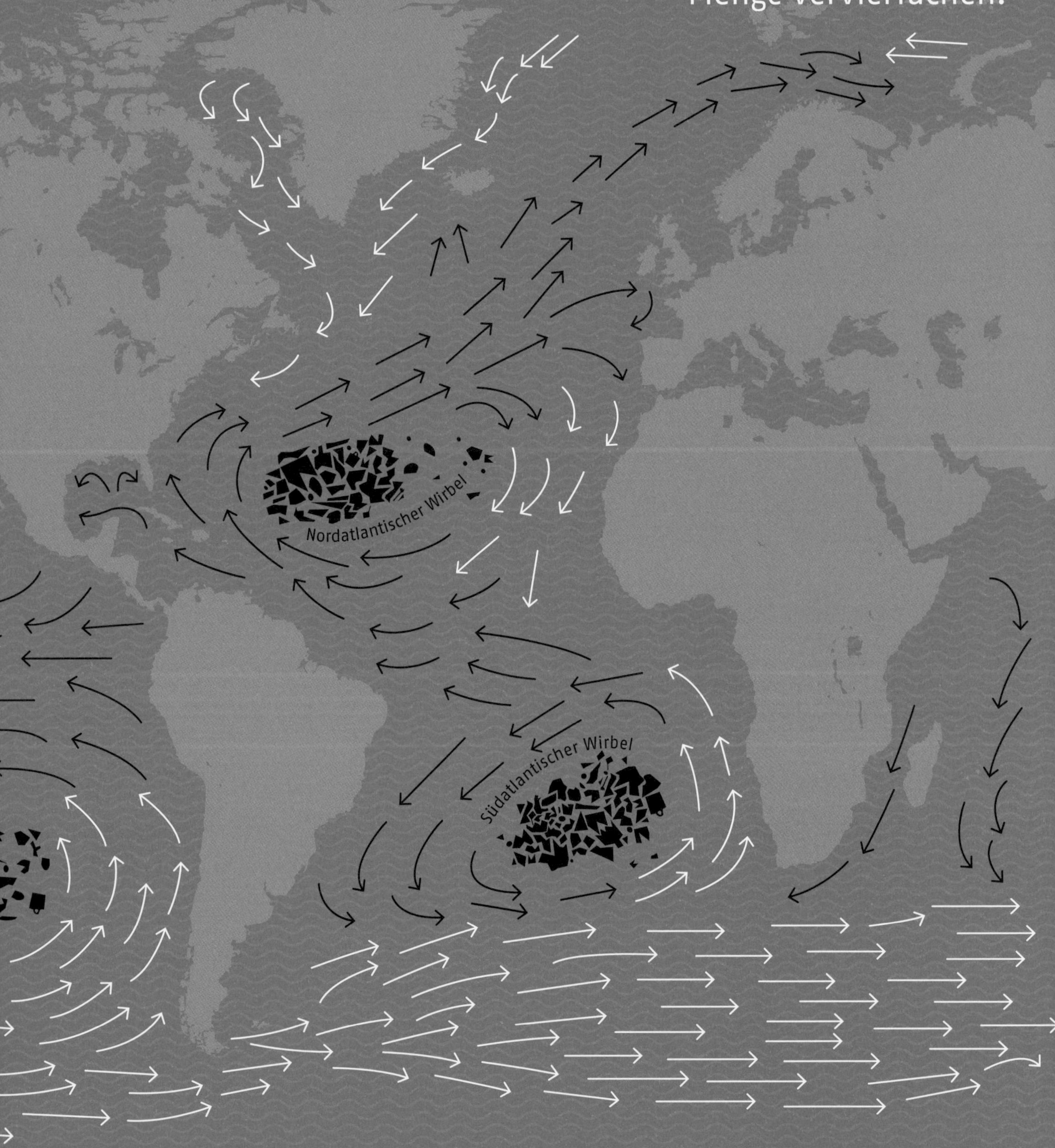

Quellen: OECD (2022), IPRC (2008), WEF (2016)

Querschnitt eines Müllstrudels

Der sichtbar oben auf der Wasseroberfläche schwimmende Müll ist mit der »Spitze des Eisbergs« zu vergleichen: Etwa dreißig Meter zieht sich in einem »Müllstrudel« die Brühe aus kleinsten und großen Plastikteilen in die Tiefe. Durch die Sonneneinstrahlung, den Salzgehalt des Wassers und die ständige Bewegung zerfällt der Kunststoff unterschiedlich schnell: Es kann zwischen einem und etwa 600 Jahren dauern, bis sich beispielsweise Plastiktüten oder Angelschnüre in sandkorngroße Teile zersetzt haben. Ein Großteil des Mülls sinkt früher oder später zum Meeresboden, setzt sich auf den Sedimenten ab und wird schließlich von ihnen überdeckt. In Indonesien wurde die bislang höchste Kunststoffdichte mit ca. 690 000 Teilchen pro Quadratkilometer auf dem Meeresgrund gemessen.

Plastikmüll wird je nach Größe in Makroplastik (> 5 mm), Mikroplastik (1 µm bis 5 mm) und Nanoplastik (< 1 µm) unterschieden.

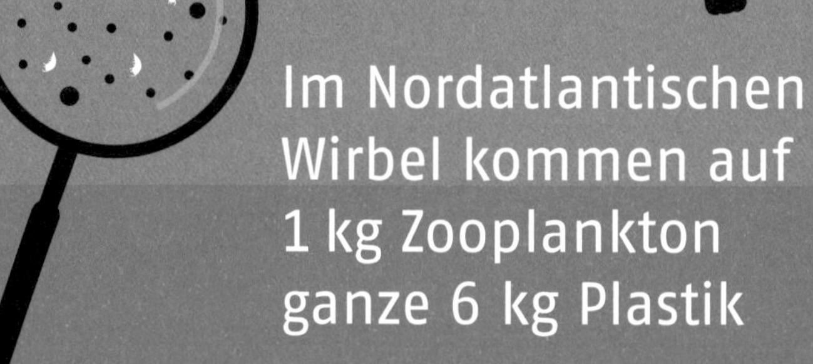

Im Nordatlantischen Wirbel kommen auf 1 kg Zooplankton ganze 6 kg Plastik

Quellen: Eriksen (2014), GP (2007), ICC (2010), Moore (2001), Maribus (2010), UNEP (2005)

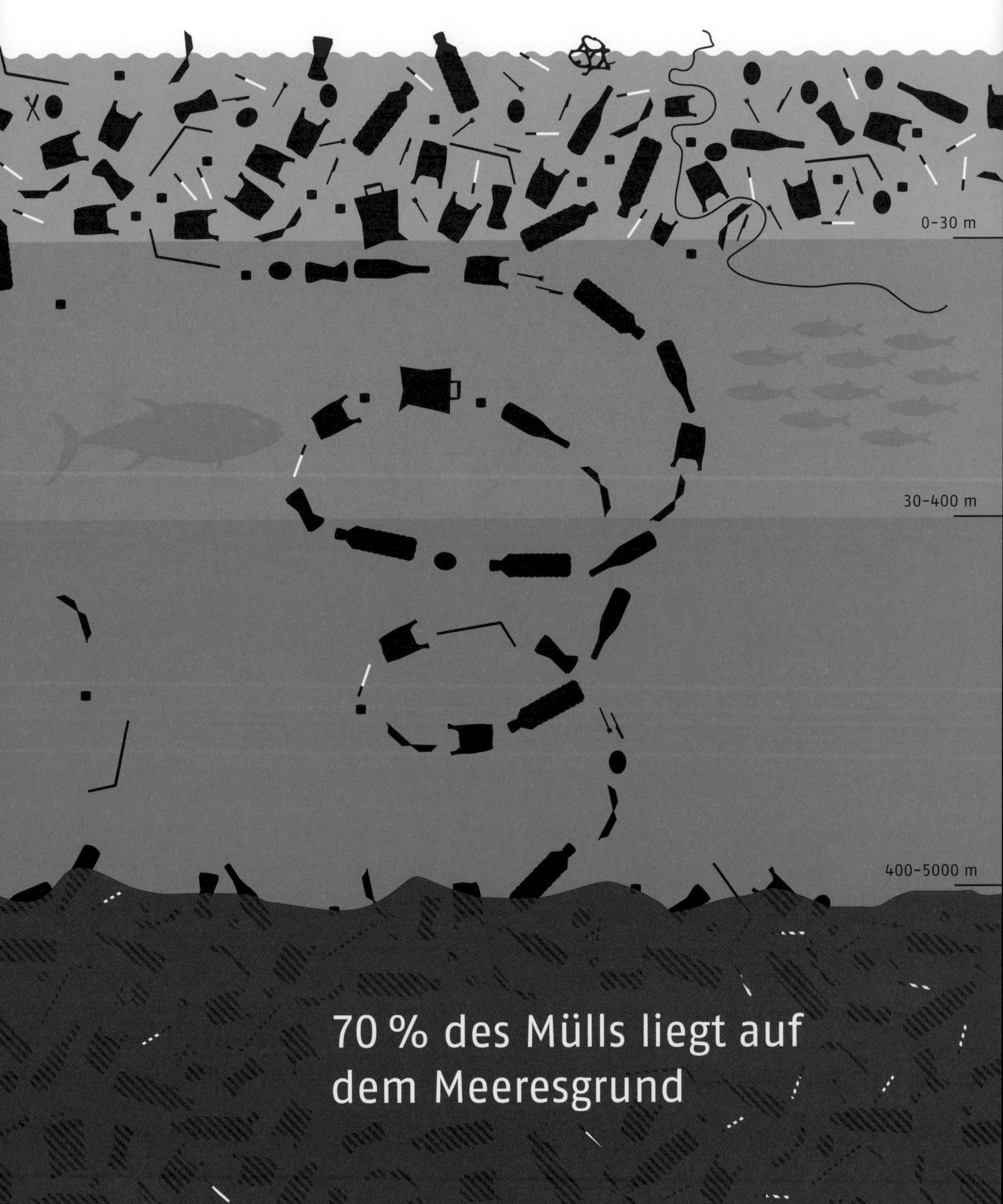
0–30 m
30–400 m
400–5000 m
70 % des Mülls liegt auf
dem Meeresgrund

Mikroplastik in der Nahrungskette

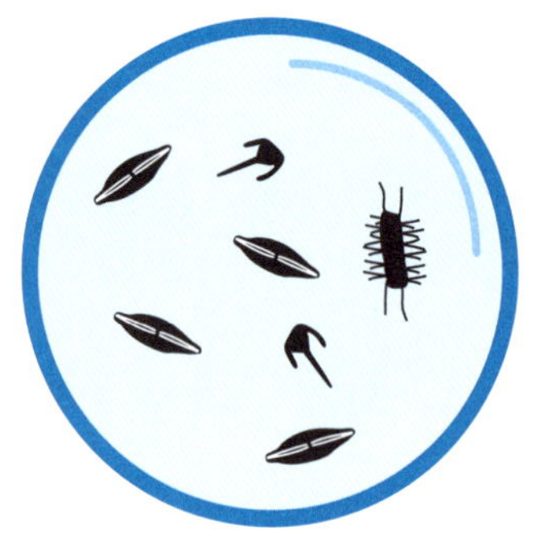

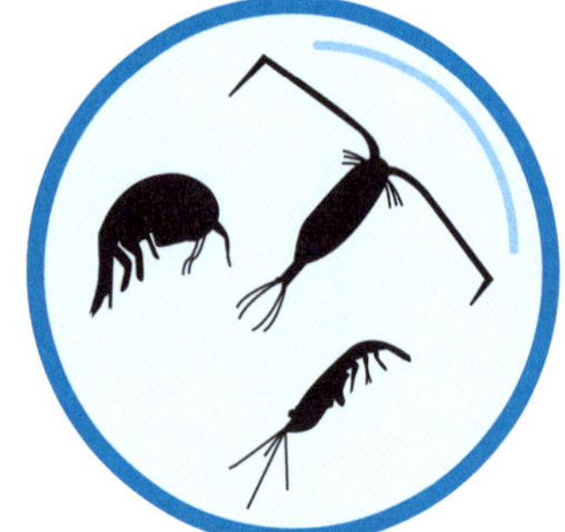

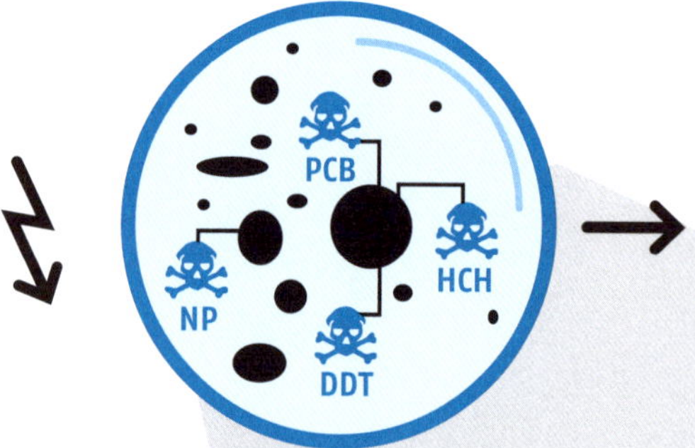

Phytoplankton
Pflanzliche Einzeller, hauptsächlich Kieselalgen, die in den oberen Wasserschichten leben und mithilfe von Sonnenlicht Photosynthese betreiben.

Zooplankton
Tierische Kleinstlebewesen wie Krill ernähren sich von Phytoplankton. Sie sind umgeben von Mikroplastikteilchen in ähnlicher Größenordnung.

Mikroplastik
Sind bis zu fünf Millimeter große Plastikteile, die sich über Jahre im Meerwasser zersetzen und langlebige organische Schadstoffe (POPs) anziehen und anlagern können.

Phytoplankton und Zooplankton spielen eine bedeutende Rolle im Ökosystem der Meere, denn sie bilden direkt oder indirekt die Nahrungsgrundlage fast allen Lebens im Ozean. Seit 1950 – mit dem Beginn des industriellen Fischfangs – ist die weltweite Zooplanktonpopulation um etwa 40 % zurückgegangen. Ein Grund ist, dass Zooplanktonpaste zunehmend als Fischmehlersatz verwendet wird, um in riesigen Anlagen Tiere wie Schweine, Hühner oder Aquakulturlachse zu mästen.

Der Großteil des Sauerstoffs, den der Ozean produziert, entsteht durch Phytoplankton – es betreibt Photosynthese, wandelt so Kohlendioxid in pflanzliche Biomasse um und produziert dabei Sauerstoff. Dieser Sauerstoff bleibt im Ozean und wird nahezu vollständig von Meerestieren, Mikroben und Pflanzen verbraucht.

Blauwal
Er ist mit 27–33 m das größte Lebewesen der Erde. Mit seinen Barten filterte er ursprünglich hauptsächlich Krill aus dem Wasser, mittlerweile nimmt er gleichzeitig das toxische Mikroplastik mit auf.

Giftstoffe im Mikroplastik
Überall auf der Welt wird Mikroplastik angespült, das hohe Konzentrationen an Giftstoffen wie Polychlorierten Biphenylen (PCB) enthält. Die Karte zeigt die weltweit höchsten PCB-Konzentrationen, angegeben in Nanogramm pro Gramm Mikroplastik.

Quellen: IPW (2015), Rios (2007), Van Cauwenberghe et al. (2014)

»Ein Mikroplastikteilchen wird durch die Absorbierung von Schadstoffen hochgiftig und gibt sie, wenn mit der Nahrung aufgenommen, an Meereslebewesen weiter.« Dr. Marcus Eriksen, 5 Gyres Institute

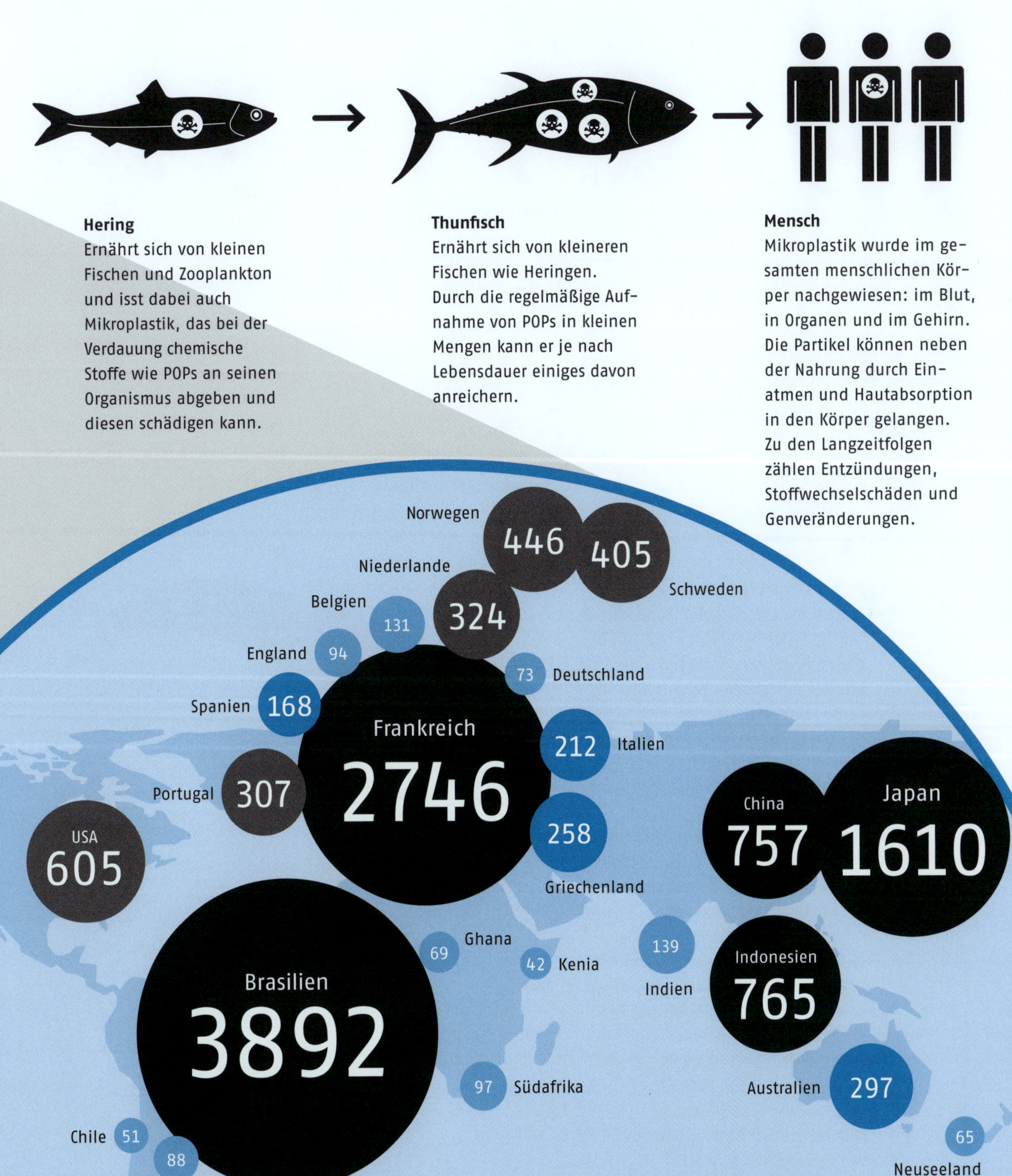

Hering
Ernährt sich von kleinen Fischen und Zooplankton und isst dabei auch Mikroplastik, das bei der Verdauung chemische Stoffe wie POPs an seinen Organismus abgeben und diesen schädigen kann.

Thunfisch
Ernährt sich von kleineren Fischen wie Heringen. Durch die regelmäßige Aufnahme von POPs in kleinen Mengen kann er je nach Lebensdauer einiges davon anreichern.

Mensch
Mikroplastik wurde im gesamten menschlichen Körper nachgewiesen: im Blut, in Organen und im Gehirn. Die Partikel können neben der Nahrung durch Einatmen und Hautabsorption in den Körper gelangen. Zu den Langzeitfolgen zählen Entzündungen, Stoffwechselschäden und Genveränderungen.

Woher stammen die Schadstoffe im Meer?

Ständig gelangen über die Atmosphäre und über Flüsse Schadstoffe in die Umwelt und damit auch in die Meere. Die in allen Aggregatzuständen auftretenden langlebigen organischen Schadstoffe (POPs) stellen weltweit ein großes Problem dar, da sie von der Natur nur sehr langsam abgebaut werden können und sich in Menschen, Tieren und Pflanzen anreichern.

Zu den POPs gehören unter anderem Polychlorierte Biphenyle (PCB), Dioxine wie PCDD und PCDF, Per- und polyfluorierte Alkylsubstanzen (PFAS) und Nonylphenol (NP). PFAS, Schwermetalle und Pharmazeutika zählen zu den Schadstoffen, deren Bedeutung wächst. Zu PFAS zählen tausende Industriechemikalien, die u. a. auf fett-, schmutz- und wasserabweisenden Produkten zu finden sind.

PCB wurde in den 1930er-Jahren erstmals industriell hergestellt und unter anderem als Kühlmittel in Kühlschränken, als Hydraulikflüssigkeit in Maschinen und in vielen weiteren Industriezweigen als wärmeübertragende Flüssigkeit eingesetzt. Später wurde es in Kunststoffen als Weichmacher und in Lacken, Farben und Klebern als Brandverzögerer beigemischt. Erst in den 1980er-Jahren wurde erkannt, wie gefährlich schnell es sich über die Luft und Abwässer verbreitet, sich in Organismen anreichert und dort Krankheiten wie Krebs, Deformationen und sogar den Tod auslösen kann. Trotz des Verbots weiterer Herstellung durch das Stockholmer Abkommen im Jahr 1989 werden immer noch die Hälfte aller PCB-haltigen Geräte genutzt. Vor allem in Entwicklungs- und Schwellenländern werden sie unsachgemäß entsorgt. So gelangt das PCB weiterhin über das Grundwasser in Böden, Flüsse und Meere.

»Dioxine« ist eine Sammelbezeichnung für chemisch ähnlich aufgebaute chlorhaltige Dioxine und Furane. Sie entstehen, wenn chlorhaltige Stoffe bei Temperaturen über 300 °C verbrannt werden. In die Atmosphäre gelangt das Dioxin vor allem durch Abfallverbrennung und Metallherstellung, aber auch durch Vulkanausbrüche und Waldbrände.

Seit den 1990ern ist der Dioxinausstoß zumindest in den Industrieländern durch moderne Technik und strenge Grenzwerte stark vermindert worden, trotzdem werden immer wieder Dioxinbelastungen in Lebensmitteln wie Fisch, Fleisch, Milchprodukten und Eiern festgestellt. Dioxin bleibt über Jahrzehnte als gefährliches Gift in den Böden und Sedimenten von Flüssen und Meeren erhalten.

Nonylphenole (NP) sind zum Beispiel in Kosmetika, Duschgels, Spülmitteln, Waschmitteln, Einwegverpackungen und Sprühfarbe enthalten. Die Chemikalien gelangen unter anderem durch Abwasser und Niederschlagsabflüsse in die Böden, Flüsse und Meere. Sie stellen eine Bedrohung für Mensch und Tier dar. In Flüssen mit hoher Nonylphenolkonzentration wurde der Rückgang einiger Fischarten beobachtet, zudem wurde in Laborversuchen gezeigt, dass die Fruchtbarkeit gehemmt ist und sich das soziale Verhalten der Fische verändert.

Quellen: BAFU (2025), Günther et al. (2002), Rios (2007), UBA (2015), UBA (2003)

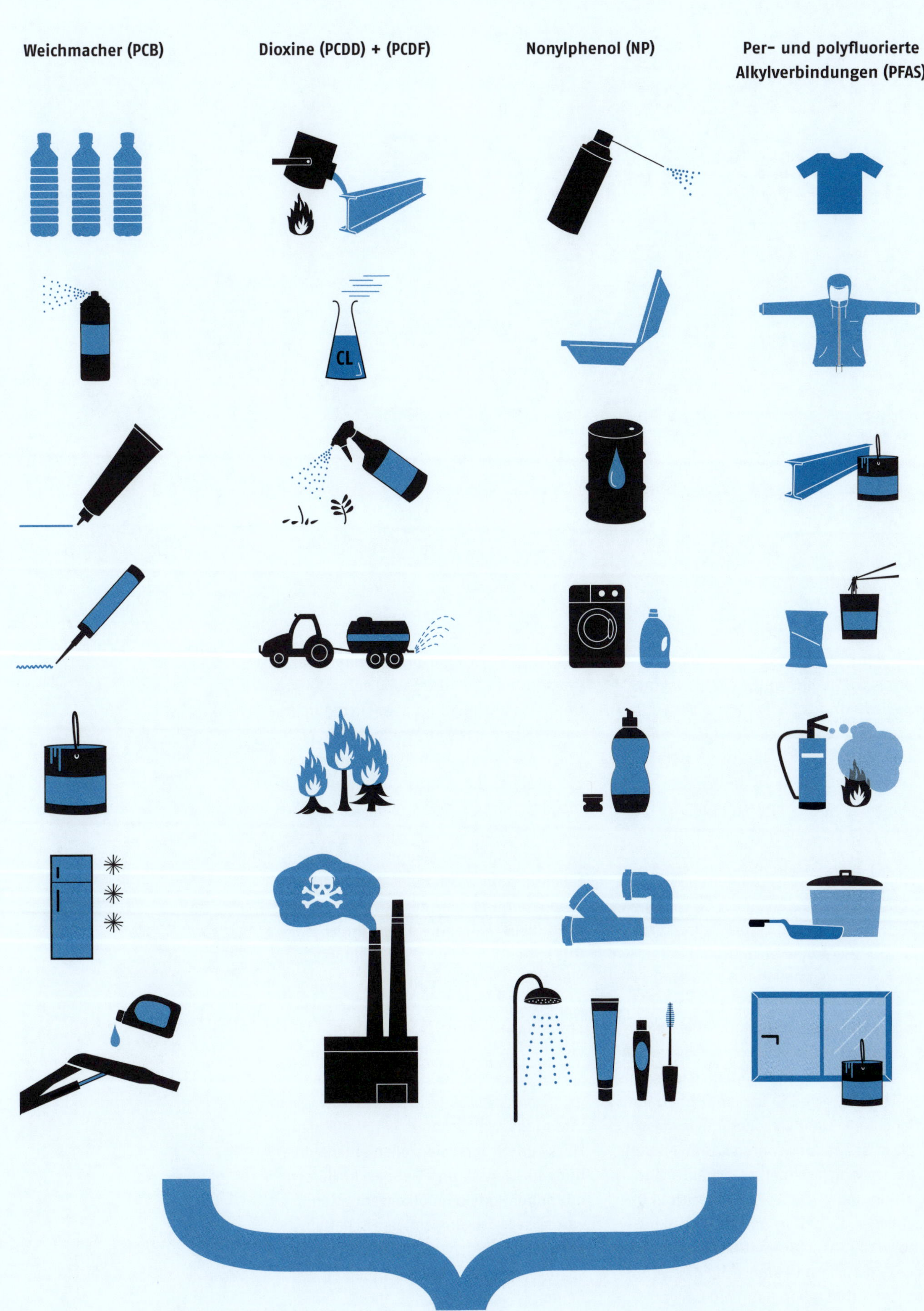

Langlebige organische Schadstoffe (POPs)

Chemiewaffen in der Tiefsee

Deutschland
In der Nord- und Ostsee wurden 1,5 Millionen Tonnen chemische Munition versenkt, der Großteil davon nach dem Zweiten Weltkrieg. Mehrere Projekte des GEOMAR-Instituts in Kiel bergen diesen für Mensch und Umwelt gefährlichen Müll.

Kanada
1947 wurde eine nicht genauer dokumentierte Menge Senfgas und Phosgen ca. 160 km westlich von Vancouver Island in etwa 2500 m Tiefe vom kanadischen Militär entsorgt.

Hawaii
1944/45 wurden von der US-amerikanischen Armee 8 km südlich von Pearl Harbor 16 000 Senfgasbomben, 4220 Tonnen Zyanid sowie 29 Tonnen Senfgas entsorgt. 1945 und 1948 wurden westlich von Waianae 2600 Tonnen Senfgas, 1225 Chlorcyanbomben, 15 000 Senfgasbomben und 31 000 Senfgasgranaten entsorgt.

USA
Von 1964 bis Anfang der 70er-Jahre wurden in 74 Operationen Millionen Tonnen chemische Waffen von den USA entsorgt, hauptsächlich in Küstennähe. In den CHASE-Operationen (cut holes and sink 'em) wurden mit Munition und Chemie beladene Schiffe zum Sinken gebracht.

Quellen: Bearden (2007), Böttcher (2011), CEDRE (2016), GEOMAR (2025), CNS (2012), DoD (2010), OSPAR (2015)

Zwischen 2009 und 2013 wurden fast täglich chemische Waffen in der Nord- und Ostsee und im Nordostatlantik gefunden – in 2500 Fällen in Fischernetzen am Meeresgrund oder angespült an Stränden.

Japan
Nach dem 2. Weltkrieg wurden von 1945 bis 1952 vom US-Militär mehrmals chemische Waffen nahe der japanischen Küste in einer Tiefe von rund 1000 m entsorgt. Welche Stoffe und in welchen Mengen, ist nicht dokumentiert.

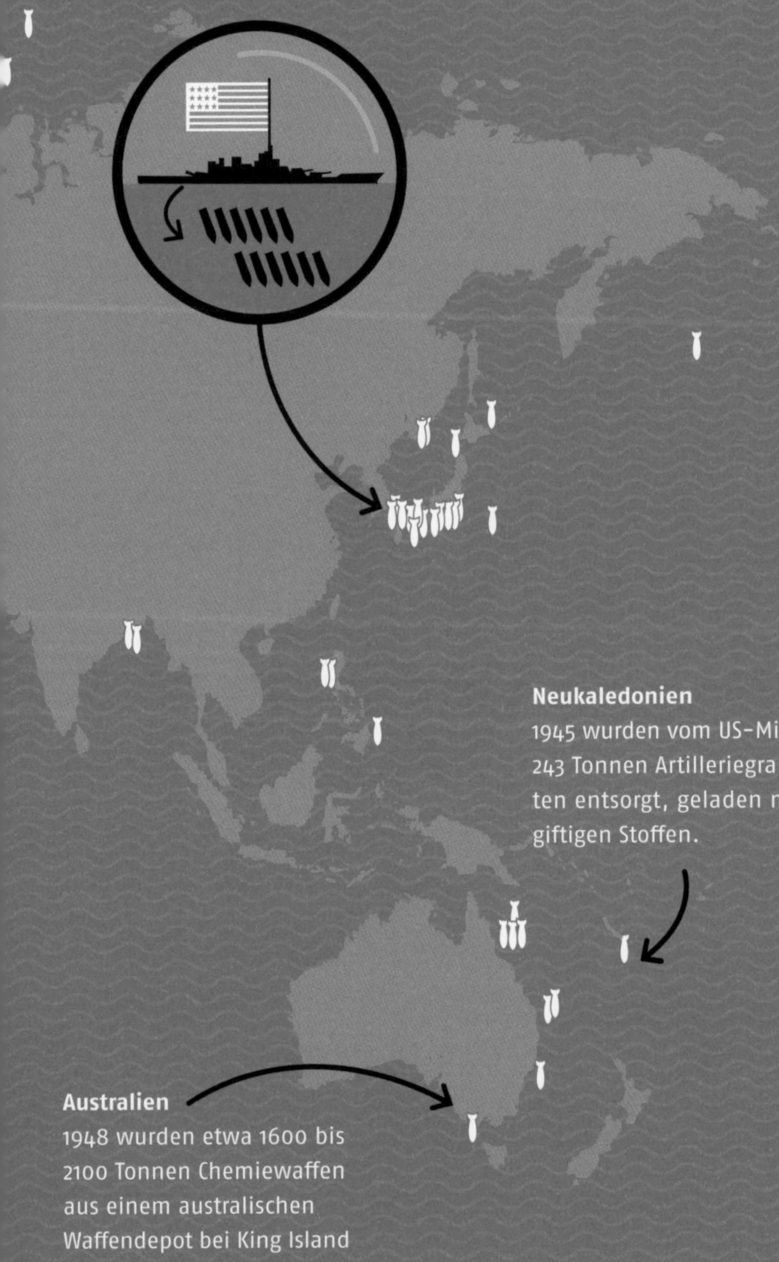

Neukaledonien
1945 wurden vom US-Militär 243 Tonnen Artilleriegranaten entsorgt, geladen mit giftigen Stoffen.

Australien
1948 wurden etwa 1600 bis 2100 Tonnen Chemiewaffen aus einem australischen Waffendepot bei King Island entsorgt.

In der Zeit von 1918 bis in die 1970er-Jahre hinein wurden laut einem Bericht des Department of Defense (DoD) von 2001 von den USA in mindestens 74 Fällen chemische Waffen in den Ozeanen »entsorgt«. Die Aufzeichnungen, wie viele und welche Waffen dabei wo versenkt wurden, sind allerdings unvollständig. Oftmals leckten die Waffen schon beim Entsorgen oder zerbarsten durch den Druck der Tiefe und beim Aufprall auf den Meeresboden.

Deutschland, Japan, Australien und Kanada haben ebenso chemische Waffen in den Ozeanen entsorgt. Auch in Deutschland sind die offiziellen Angaben über die versenkten Kampfmittel lückenhaft: Von der Arbeitsgruppe »Munitionsaltlasten im Meer« wird geschätzt, dass bis 1946 etwa 1,8 Millionen Tonnen versenkt wurden, davon 235 000 Tonnen chemische Kampfmunition. Bis 1958 wurden von Fischern und Entsorgungsfirmen mindestens 250 000 Tonnen Munition wieder geborgen. Bis heute finden Nordseefischer Kampfmittel in ihren Netzen. In den Jahren 1945 bis 1957 starben bei der Versenkung und Bergung mindestens 168 Menschen, bis 2008 gab es 262 Verletzte, seit 1980 sind es nur noch bis zu fünf pro Jahr.

Zehn bis 400 Jahre dauert es – je nach Art und Zustand der Munition –, bis es zu Durchrostungen und zum Austreten der Chemikalien kommt. Unter den hochgiftigen Chemikalien sind Arsen, Blei, Cyanid, Senfgas und Quecksilber. Einige Nervengase lösen sich im Wasser auf und werden quasi harmlos. Senfgas beispielsweise löst sich nicht auf und bleibt hochgiftig für Meereslebewesen und auch Fischer.

Welche Auswirkungen die verschiedenen Chemikalien auf das marine Ökosystem haben, wurde bislang kaum untersucht.

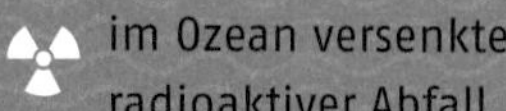

Radioaktivität im Meer

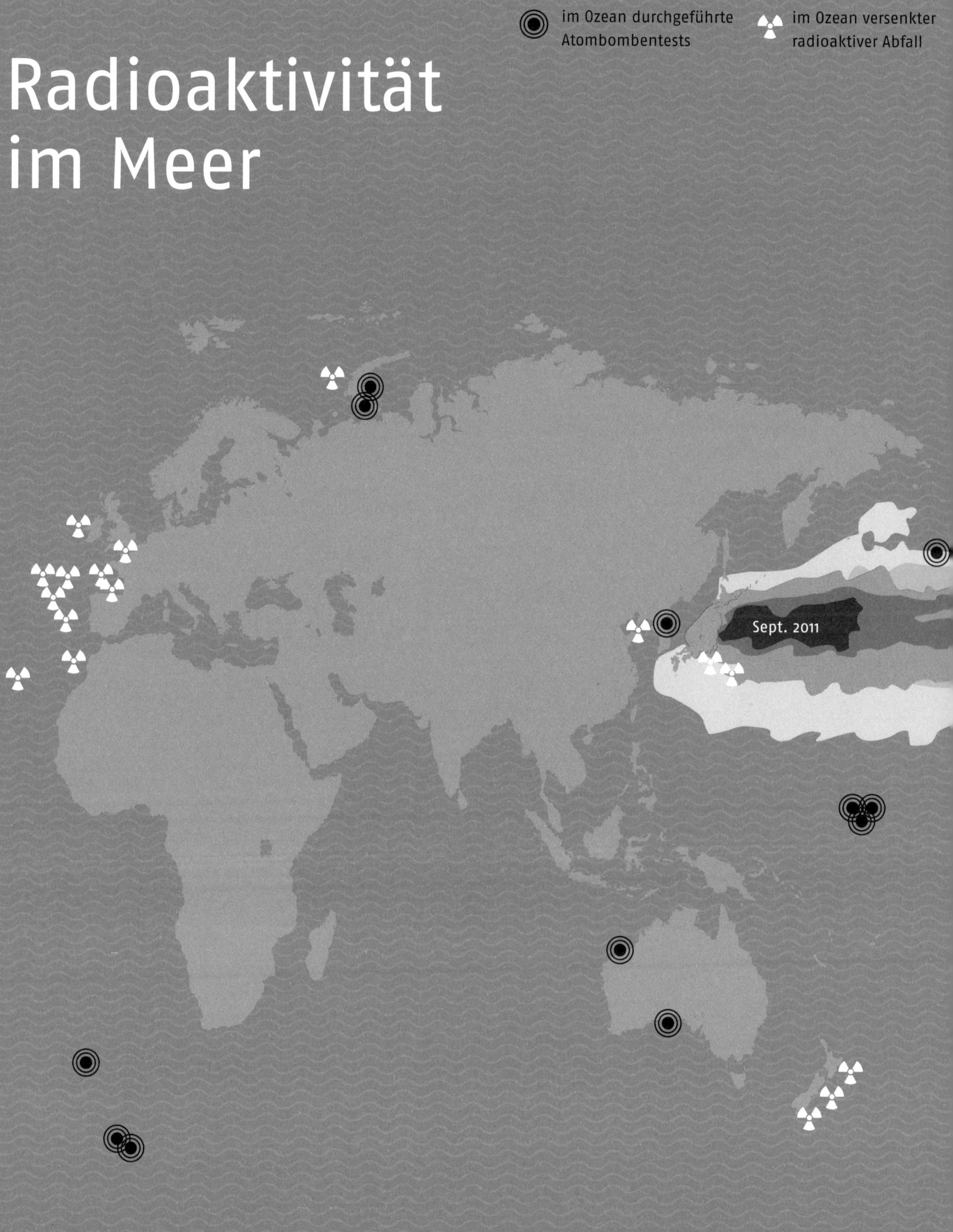

Sept. 2011

Quellen: Calmet (1989), DOE (1994), Rossi et al. (2013), CTBTO (2017)

Konzentration der Radioaktivität nach Fukushima (in Becquerel* pro Kubikmeter)

September 2011 1000–10 000 Bq / m³ 50–1000 Bq / m³ 3–50 Bq / m³

April 2014 100–50 Bq / m³ 50–3 Bq / m³

April 2014

1946 wurde in Kalifornien das erste Mal leicht radioaktiver Abfall in den Meeren entsorgt und der erste Atombombentest im Bikini-Atoll durchgeführt. Es folgten bis heute insgesamt 2040 Explosionen, davon über 1000 von den USA initiiert sowie 193 französische Atombombentests unter anderem in den Atollen Mururoa und Fangataufa in Französisch-Polynesien. Des Weiteren testeten die Länder Russland, China, Indien, Pakistan und zuletzt 2009 Nordkorea über- und unterirdisch ihre Atomwaffen.

Auch bei Unfällen in Kernkraftwerken gelangten große Mengen Radioaktivität in die Umwelt, etwa 1957 bei dem Unfall in Sellafield durch einen Brand im Reaktor oder 1986 bei dem Super-GAU von Tschernobyl, bei dem nach einer Explosion und Kernschmelze große Mengen Radioaktivität in die Atmosphäre gelangten und sich durch Regenfälle sowie trockene Ablagerung europaweit in Böden, Flüssen, die Nord- und Ostsee sowie Adria verteilten. 2011 kam es beim Super-GAU von Fukushima, nach einer Tsunamiwelle zur Explosion und teilweisen Kernschmelze, dabei liefen Millionen Tonnen radioaktiv verseuchtes Kühlwasser in den Nordpazifik. Durch Satellitentechnik und Wissenschaft weltweit minutiös beobachtet, erreichte es in sehr niedriger Dosis 2014 die nordamerikanische Küste.

*Becquerel: Maßeinheit für die Aktivität einer radioaktiven Substanz, sie zeigt den Zerfall pro Sekunde in einem bestimmten Volumen an.

Fukushima und das marine Ökosystem

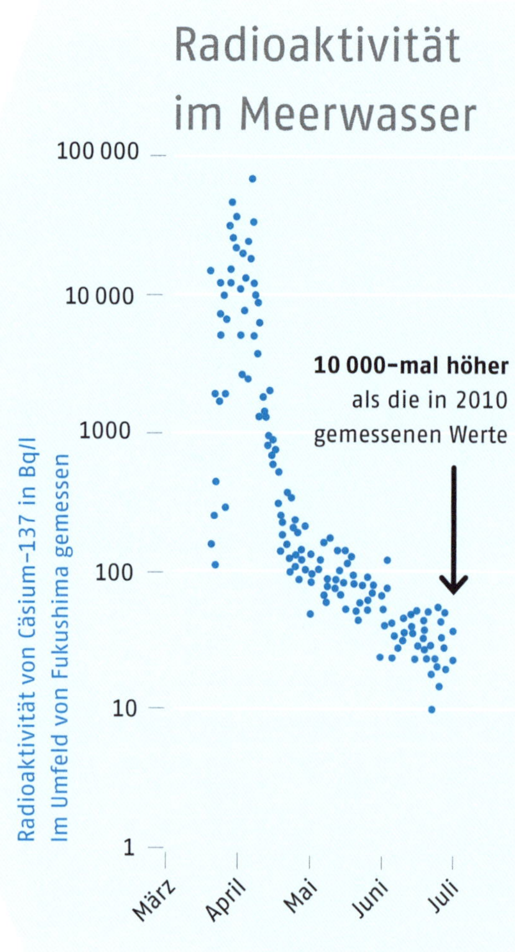

Am 11. März 2011 wurde die in der Geschichte bisher größte Menge radioaktiver Substanzen in den Ozean geleitet. Auslöser war ein Erdbeben, dem ein bis zu 15 Meter hoher Tsunami folgte, der das Kernkraftwerk Fukushima Daiichi überflutete. Die nach mehreren Explosionen in der Kernschmelze befindlichen Reaktoren 1 bis 3 des Kernkraftwerks wurden als Sofortmaßnahme mit Meerwasser gekühlt, das anfangs direkt in den Ozean zurückfloss. Große Mengen radioaktiver Stoffe kontaminierten Luft, Boden und Wasser, etwa 170 000 Menschen wurden evakuiert. Die Lebewesen des Küstenstreifens waren besonders stark betroffen, vor allem die am Meeresboden lebenden Arten, da sich die radioaktiven Stoffe schnell im Sediment anreicherten und dieses damit höher radioaktiv belastet ist als das Meerwasser, das sich durch Strömungen schnell verbreitet und verdünnt hat.

Am häufigsten im Meerwasser vertreten ist das radioaktive Element Cäsium-137, das eine Halbwertszeit von etwa 30 Jahren hat. Direkt nach dem Unfall wurden 50 Millionen Bq/m³ vor der Küste Japans gemessen, später im Jahr 2011 immer noch 4500 Bq/m³, bis dann der Wert seit 2012 auf 77 bis 200 Bq/m³ schrumpfte. Seitdem bleibt er allerdings nahezu konstant, statt auf den Vor-Fukushima-Wert (2 Bq/m³) abzusinken. Das beweist, das durch Grundwasser, Niederschlag oder leckende Tanks weiterhin radioaktives Wasser in den Pazifik gelangt.

An den nordamerikanischen Küsten wurden 11 Bq/m³ als Mittelwert im Wasser gemessen – das liegt bedeutend unter dem Grenzwert für Trinkwasser in den USA (1200 Bq/m³) und ist somit ungefährlich.

August 2011
Der Pazifische Blauflossenthunfisch ist ein Migrationsfisch – er laicht vor Japan und wandert dann fast 10 000 km durch den Pazifik bis zur Küste der USA. In San Diego wurden Thunfische mit einer im Vergleich 10-fach höheren Belastung durch Cäsium-137 gefunden.

Mai 2012
In der Küstenregion um Fukushima ist im Meeresboden eine geschätzte Menge von 95 Terabecquerel Cäsium gespeichert, am Boden lebende Arten, aber auch Plankton hat eine umso höhere Kontamination, je länger es sich am Meeresboden aufhält und umso mehr es im Sediment enthaltene Organismen als Nahrung aufnimmt.

Radioaktivität im Meeresboden

im Umfeld von Fukushima gemessen

Radioaktivität von Cäsium-137 in Bq/kg (Trockengewicht)

März Mai Juli September November Januar März Mai Juli September

2011 2012

Cäsium-137 hat eine Halbwertszeit von etwa 30 Jahren. Es wird vom Körper wie Kalium behandelt und reichert sich so in Muskel-, Nieren-, Leber- und Knochenzellen an.

21. Februar 2013

Der Rekord: 740 000 Becquerel Cäsium pro Kilogramm wurde in einem »Anemonenwächter« gemessen. Der Fisch wurde direkt am havarierten Reaktor in Fukushima gefangen. Der Grenzwert für Fische beträgt weltweit 600 Becquerel Cäsium, nur in Japan wurde der Wert nach Fukushima auf 1250 Bequerel hochgesetzt.

17. November 2013

12 400 Becquerel Cäsium-137 pro Kilogramm wurden in einer schwarzen Meerbrasse nachgewiesen, die 37 Kilometer südlich von Fukushima gefangen wurde.

Wanderrouten

Viele Arten wandern im gesamten Pazifischen Ozean, von Laichregionen nahe Japan bis nach Kalifornien oder Alaska, wo das Nahrungsangebot reichhaltiger ist.

Quellen: Kanda (2012), Madigan (2012), McIntyre (2010), NSF (2011), Pacchioli (2013), WHOI (2016)

Die größten Ölunfälle 1901–2020

Persischer Golf
Im Golfkrieg öffneten irakische Soldaten im Januar 1991 die Ventile des Sea-Island-Öl-Terminal, und das US-Militär beschoss zeitgleich irakische Öltanker. Ca. 1 000 000 Tonnen Rohöl traten aus und verseuchten die Küste Südkuwaits und Saudi-Arabiens.

USA
Im März 1909 fand nahe Kern County in Kalifornien die in der Geschichte bisher größte Ölkatastrophe statt: Ca. 1 227 600 Tonnen Öl gelangten durch ein Bohrleck in die Umwelt.

USA
Im April 2010 verlor die Tiefseeplattform »Deepwater Horizon« bei einem Bohrleck etwa 470 779 Tonnen Schweröl.

Quellen: CEDRE (2016), Maribus (2010), WHOI (2011)

1 Liter Öl kann bis zu 1 Million Liter Trinkwasser verseuchen. Geschätzte 2,6 Milliarden Liter Öl gelangen weltweit pro Jahr in die Ozeane.

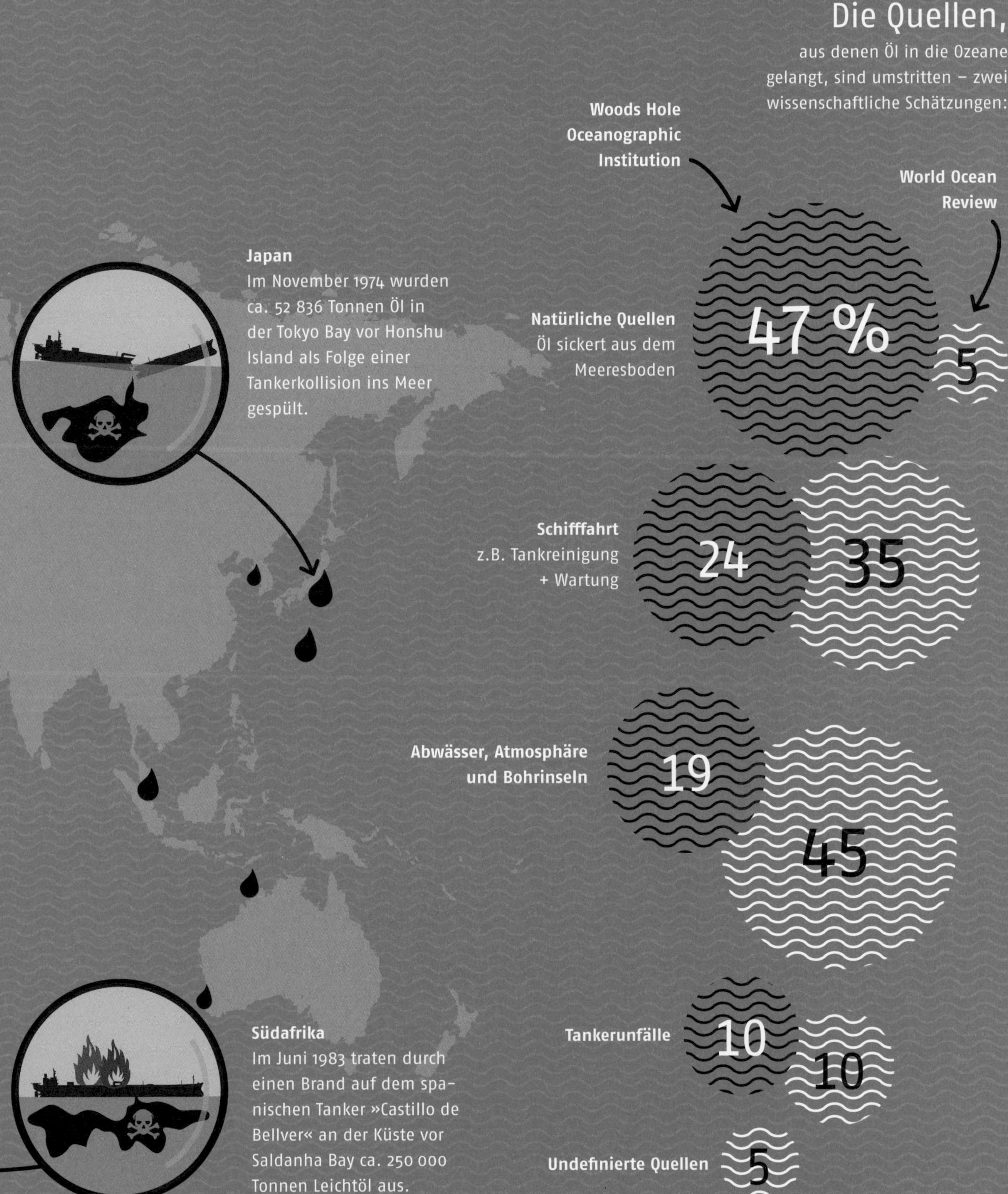

Ölschäden im Organismus

Folgen der Ölunfälle
Wind und Wellen verteilen das Öl, es evaporiert an der Oberfläche und die in allen Meeren natürlich vorkommenden ölfressenden Bakterien ernähren sich von Bestandteilen des Erdöls, wobei sie Leichtöl schneller umsetzen können als Schweröl.

Plankton + Fischeier
Beim Kontakt mit Öl sterben die zerbrechlichen Mikrolebewesen und Fischeier sofort ab oder tragen schwere Missbildungen davon.

Pflanzen
Auch die Flora wird durch das Öl stark beeinträchtigt. Seegras kann absterben, resistente Algen sich ausbreiten. Riesenschildkröten und Seekühe können durch die Aufnahme von ölverseuchtem Seegras schwer erkranken oder sterben.

Nahrungskette und Krankheiten nach der Ölpest

Mensch
Wenn der Mensch ölverseuchtes Wasser oder Lebensmittel zu sich nimmt, kann es zu Krebs-, Leber- oder Atemwegserkrankungen kommen.

Kleine Fische
Viele kleinere Arten ernähren sich von Plankton. Wenn sie ölverseuchtes Plankton fressen oder in einen Ölteppich geraten, sterben sie entweder sofort oder tragen schwere Krankheiten wie Herzrhythmus-, Fortpflanzungs- oder Leberschäden davon. Zudem bleiben folgende Generationen tendenziell kleiner.

Pelikane
Sie lassen sich auf der Wasseroberfläche treiben und sind dadurch besonders stark gefährdet: Bei dem Versuch, das Gefieder zu reinigen, bei der Nahrungsaufnahme und über die Atmung nehmen sie Öl auf, was Organschädigungen zur Folge hat. Wenn ihr Gefieder stark verklebt ist, können sie ertrinken.

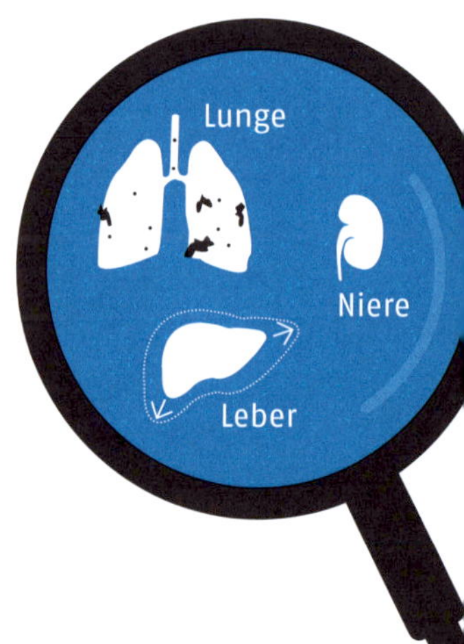

Am Beispiel einer Meeresschildkröte

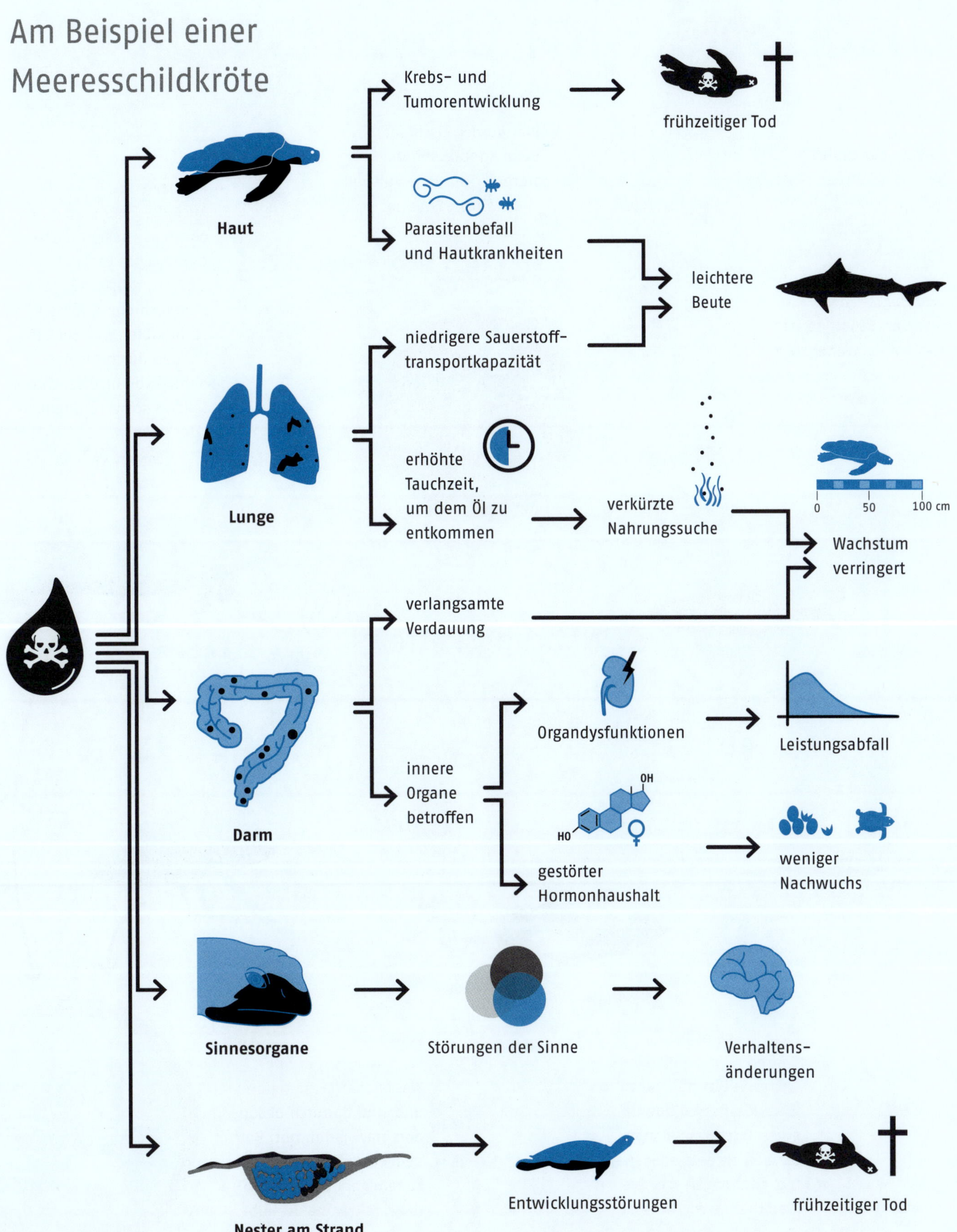

Quellen: FWS (2010), NOAA (2010)

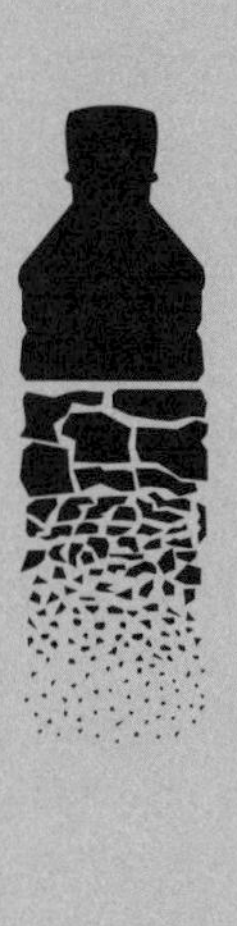

»

Wir Menschen
belasten die Ozeane zusehends.
Ein erschreckendes und für jede(n) sicht-
bares Beispiel ist die Verschmutzung
der Meere mit Plastikmüll.
Hinzu kommen weitere Stressfaktoren
wie die Vergiftung der Ozeane durch Öl,
Radioaktivität oder Überdüngung.
Die Ozeane leiden zudem unter den Auswirkungen der Erderwärmung.
Wie lange können
die Meeresökosysteme das aushalten?
Kollabieren sie, betrifft das auch uns.
Dann würde der Sünder
zum Leidtragenden.

«

Prof. Dr. Mojib Latif,
GEOMAR Helmholtz-Zentrum für Ozeanforschung Kiel
und Universität Kiel

Quellen

Alle Weblinks Stand 19.11.2025

Seiten	Quellenangaben
008 | 009	Intergovernmental Panel on Climate Change (IPCC) (2019): Special Report on the Ocean and Cryosphere in a Changing Climate. https://www.ipcc.ch/srocc/
	European Commission (EC) (2025): Commission adopts Ocean Pact with €1 billion to protect marine life and strengthen blue economy. https://commission.europa.eu/news-and-media/news/commission-adopts-ocean-pact-eu1-billion-protect-marine-life-and-strengthen-blue-economy-2025-06-11_en
	World Meteorological Organisation (WMO (2025): WMO confirms 2024 as warmest year on record at about 1.55°C above pre-industrial level. https://wmo.int/news/media-centre/wmo-confirms-2024-warmest-year-record-about-155degc-above-pre-industrial-level
010 | 011	Heinrich Böll Stiftung (HBS) (2017): Meeresatlas 2017. Daten und Fakten über unseren Umgang mit dem Ozean https://www.boell.de/de/2017/04/25/meeresatlas-daten-und-fakten-ueber-unseren-umgang-mit-dem-ozean
	FAO (2024): The State of World Fisheries and Aquaculture 2024 – Blue Transformation in action. Rome. https://doi.org/10.4060/cd0683en
	UNCTAD (2024): Review of Maritime Transport 2024. https://unctad.org/publication/review-maritime-transport-2024
	Grégoire, M. et al. (2023): Ocean oxygen: The role of the Ocean in the oxygen we breathe and the threat of deoxygenation. European Marine Board. doi: 10.5281/zenodo.7941157
	Gattuso, J. P. et al. (2021): Humans will always have oxygen to breathe, but we can't say the same for ocean life. The Conversation. https://doi.org/10.64628/AAK.3cvnnevyf
014 | 015	Jouzel, J., Masson-Delmotte, V., Cattani, O., Dreyfus, G., Falourd, S., et al. (2007): Orbital and Millennial Antarctic Climate Variability over the Past 800 000 Years. Science Vol. 317, No. 5839, pp.793-797, 10 August 2007. doi: 10.1126/science.1141038
	Maribus (2010): World Ocean Review – Mit den Meeren leben (S. 10). http://worldoceanreview.com
	NASA (2015): Featured Article: How is Today's Warming Different from the Past? http://earthobservatory.nasa.gov/Features/GlobalWarming/page3.php
	2° Institute (2025): Global Historical Temperature Record. https://www.temperaturerecord.org
016 | 017	Cheng, L. et al. (2023): Another Year of Record Heat for the Oceans. https://link.springer.com/article/10.1007/s00376-023-2385-2#citeas
	Doerfel, A. (2025): Marine Hitzewellen erreichten 2023 weltweit Rekordwerte. Spektrum. https://www.spektrum.de/news/marine-hitzewellen-erreichten-2023-weltweit-rekordwerte/2279311
	EPA (2016): Climate Change Indicators in the United States: Ocean Heat. https://www.epa.gov/climate-indicators/downloads-indicators-report
	Gleckler, P. J. et al. (2016): Industrial-era global ocean heat uptake doubles in recent decades. Nature Climate Change volume 6, S. 394–398. https://www.nature.com/articles/nclimate2915
	IPCC (2021): Climate Change 2021. The Physical Science Basis. Working Group I. https://www.ipcc.ch/report/ar6/wg1/
	Resplandy, L. et al. (2018): Quantification of ocean heat uptake from changes in atmospheric O2 and CO2 composition. Nature 563, 105–108. https://www.nature.com/articles/s41586-018-0651-8
018 | 019	ARC Centre of Excellence, Coral Reef Studies (ARC) (2016): Heat sickens corals in global bleaching event. https://www.coralcoe.org.au/media-releases/heat-sickens-corals-in-global-bleaching-event
	IPCC (2021): Climate Change 2021. The Physical Science Basis. Working Group I. https://www.ipcc.ch/report/ar6/wg1/
	NOAA (2025): https://coralreefwatch.noaa.gov/satellite/research/coral_bleaching_report.php
	Neuheimer, A.B., Hartvig, M., Heuschele, J., Hylander, S., Kiørboe, T., et al. (2015): Adult and offspring size in the ocean over 17 orders of magnitude follows two life history strategies. Ecology, 96: 3303-3311. doi: 10.1890/14-2491.1
	Verge´s, A., et al. (2014): The tropicalization of temperate marine ecosystems: climate-mediated changes in herbivory and community phase shifts. Proc. R. Soc. B 281: 20140846. http://dx.doi.org/10.1098/rspb.2014.0846

XL Catlin Seaview Survey (2016): Coral Reefs. http://catlinseaviewsurvey.com/science/coral-reefs

020 | 021 IGBP, IOC, SCOR (2013): Ozeanversauerung. Zusammenfassung für Entscheidungsträger Third Symposium on the Ocean in a High-CO_2 World. http://www.igbp.net/download/18.2fc4e526146d4c130b72cf/1411549163212/OzeanversauerungZfE.pdf

Maribus (2010): World Ocean Review – Mit den Meeren leben. http://worldoceanreview.com

Climate Central (CC) (2010): Ocean Acidification Process. http://www.climatecentral.org/gallery/graphics/ocean-acidification-process

NOAA (2020): Ocean acidification. https://www.noaa.gov/education/resource-collections/ocean-coasts/ocean-acidification

022 | 023 Maribus (2010): World Ocean Review – Mit den Meeren leben. http://worldoceanreview.com

NASA (2012): Satellites See Unprecedented Greenland Ice Sheet Surface Melt. http://www.nasa.gov/topics/earth/features/greenland-melt.html

Rahmstorf, S. et al. (2015): Exceptional twentieth-century slowdown in Atlantic Ocean overturning circulation. Nature Climate Change, 23. März 2015. doi: 10.1038/nclimate2554

Srokosz, M. A. et al. (2023): Atlantic overturning: new observations and challenges. Philosophical Transactions of the Royal Society A: Mathematical, Physical and Engineering Sciences, vol. 381, no. 2262. https://royalsocietypublishing.org/toc/rsta/2023/381/2262

024 | 025 IPCC (2021): Climate Change 2021. The Physical Science Basis. Working Group I. https://www.ipcc.ch/report/ar6/wg1/

Maribus (2010): World Ocean Review – Mit den Meeren leben. http://worldoceanreview.com

Vermeer, M., Rahmstorf, S. (2009): Global sea level linked to global temperature. PNAS. http://www.pnas.org/content/106/51/21527.full.pdf

Siegert, M. et al. (2020): Twenty-first century sea-level rise could exceed IPCC projections for strong-warming futures. https://doi.org/10.1016/j.oneear.2020.11.002

Slater, T. et al. (2021): Earth's ice imbalance. The Cryosphere, 15, S. 233–246. https://doi.org/10.5194/tc-15-233-2021

030 | 031 Kieneke, A. et al. (2015): new species of Cephalodasys (Gastrotricha, Macrodasyida) from the Caribbean Sea with a determination key to species of the genus. http://dx.doi.org/10.11646/zootaxa.3947.3.4

Maribus (2010): World Ocean Review – Mit den Meeren leben. http://worldoceanreview.com

Mittermeier, R.A. et al. (2011): Global biodiversity conservation: the critical role of hotspots. Springer, Heidelberg

Pauly, D. et al. (1998): Diet composition and trophic levels of marine mammals. ICES J Mar Sci 55:467–481. https://doi.org/10.1006/jmsc.1997.0280)

Poulsen, J.Y., et al. (2016): Preservation Obscures Pelagic Deep-Sea Fish Diversity. Doubling the Number of Sole-Bearing Opisthoproctids and Resurrection of the Genus Monacoa (Opisthoproctidae, Argentiniformes). PLoS ONE 11(8): e0159762.

William, D., et al. (2016): Grammatonotus brianne, a new callanthiid fish from Philippine waters, with short accounts of two other Grammatonotus from the Coral Triangle. http://doi.org/10.11646/zootaxa.4173.3.7

032 | 033 Abdulla, A., et al. (2013): Marine Natural Heritage and the World Heritage List. Interpretation of World Heritage criteria in marine systems, analysis of biogeographic representation of sites, and a roadmap for addressing gaps. IUCN, Gland, Schweiz

International Union for Conservation of Nature (IUCN) (2022): IUCN Red List. https://www.iucn.org

034 | 035 Long, A.M. et al (2021): Microbial Ecology of Oxygen Minimum Zones Amidst Ocean Deoxygenation

Malmquist, D. (2008): Dead zones continue to spread. Virginia Institute of Marine Science. News Archives. https://www.vims.edu/newsandevents/topstories/archives/2008/dead_zones_spread.php

Maribus (2010): World Ocean Review – Mit den Meeren leben. http://worldoceanreview.com

Stramma, L., Schmidt, S., Levin, L.A., Johnson, G.C. (2010): Ocean oxygen minima expansions and their biological impacts. http://www.elsevier.com/locate/dsri

World Ressources Institute (WRI) (2011): New Web-Based Map Tracks Marine „Dead Zones" Worldwide. https://www.wri.org/news/new-web-based-map-tracks-marine-dead-zones-worldwide?

NODC, NOAA (2005): World Ocean Atlas 2005. IRI/LDEO Climate Data Library, Columbia University. http://iridl.ldeo.columbia.edu/

036 | 037 Australian Government Department of the Environment (AGDE) (2016): Commonwealth Marine Reserves Review. Goals and Principles. http://www.environment.gov.au/marinereservesreview/goals-principles

CBD (2022): Kunming-Montreal Global Biodiversity Framework. https://www.cbd.int/gbf

UN Environment Programm–World Conservation Monitoring Center (UNEP-WCMC), International Union for Conservation of Nature (IUCN) (2021): Protected Planet Report 2020. https://livereport.protectedplanet.net/

Sciberras, M., Jenkins, S.R., Mant, R., Kaiser, M.J., Hawkins, S.J., Pullin, A.S. (2015): Evaluating the relative conservation value of fully and partially protected marine areas. Fish and Fisheries, 16: 58–77. doi: 10.1111/faf.12044

Protected Planet (PP) (2025): Explore protected areas and OECMs. https://www.protectedplanet.net/en

038 | 039 Leal, M., Spalding, M. D. (2024): The State of the World's Mangroves 2024. Global Mangrove Alliance. DOI: https://doi.org/10.5479/10088/119867

Blue Carbon Initiative (BCI) (2025): Critical Storage – Ocean & Coastal Habitats. https://www.thebluecarboninitiative.org

042 | 043 FAO (2024): The State of World Fisheries and Aquaculture 2024 – Blue Transformation in action. Rome. https://doi.org/10.4060/cd0683en

Sharma, R. et al. (2025): Review of the state of world marine fishery resources – 2025. FAO Fisheries and Aquaculture Technical Paper, No. 721. Rome. https://doi.org/10.4060/cd5538en

044 | 045 FAO (2024): The State of World Fisheries and Aquaculture 2024 – Blue Transformation in action. Rome. https://doi.org/10.4060/cd0683en

046 | 047 EU Fishing Fleet Register (2016). http://ec.europa.eu/fisheries/fleet/index.cfm

Greenpeace (2014): Fish Fairly. http://www.greenpeace.de/fairfischen

Reedereien (2017): Havfisk, Norway. http://www.havfisk.no/en,
Parlevliet en Van der Plas B.V., Netherlands. http://parlevliet-vanderplas.nl/

FAO, Duke University & WorldFish (2023): Illuminating Hidden Harvests – The contributions of small-scale fisheries to sustainable development. Rome. https://doi.org/10.4060/cc4576en

FAO (2024): The State of World Fisheries and Aquaculture 2024 – Blue Transformation in action. Rome. https://doi.org/10.4060/cd0683en

048 | 049 International Seafood Sustainability Foundation (ISSF) (2017): Fishing Methods – An Overview. http://iss-foundation.org/about-tuna/fishing-methods

Seafish Fisheries Development Centre (2015): Basic Fishing Methods. A comprehensive guide to commercial fishing methods. http://www.seafish.org/media/publications/BFM_August_2015_update.pdf

Benson, M. H. (2011): Rough Going for Orange Roughy. Smithonian National Musuem of Natural History. https://ocean.si.edu/ocean-life/fish/rough-going-orange-roughy

FAO (2019): A third assessment of global marine fisheries discards. https://openknowledge.fao.org/handle/20.500.14283/ca2905en

FAO (2025): Review of the state of world marine fishery resources – 2025. https://doi.org/10.4060/cd5538en

050 | 051 Basurto, X. et al. (2025): Illuminating the multidimensional contributions of small-scale fisheries. nature 637, pages 875–884 (2025). https://www.nature.com/articles/s41586-024-08448-z

Preston, G. L., et al. (1999): Techniques de pêche profonde pour les Iles du Pacifique. Manuel à l'intention des Pêcheurs. Secrétariat général de la Communauté du Pacifique. http://www.reefbase.org/pacific/pub_E0000001373.aspx

052 | 053 FAO (2024): The State of World Fisheries and Aquaculture 2024 – Blue Transformation in action. Rome. https://doi.org/10.4060/cd0683en

ISSF (2017): Status Of The World Fisheries for Tuna. ISSF Technical Report 2017-02. http://iss-foundation.org/knowledge-tools/technical-and-meeting-reports

054 | 055 FAO (2024): The State of World Fisheries and Aquaculture 2024 – Blue Transformation in action. Rome. https://doi.org/10.4060/cd0683en

IUCN Shark Specialist Group (2003): IUCN Information Paper. Shark Finning. http://www.uicnmed.org/web2007/CD2003/conten/pdf/shark_FINAL.pdf

Vianna, G. M. S. et al. (2010): Wanted Dead or Alive? The relative value of reef sharks as a fishery and an ecotourism asset in Palau. Australian Institute of Marine Science and University of Western Australia, Perth. https://www.pew.org/-/media/assets/2011/05/02/palau_shark_tourism.pdf

Worm, B. et al. (2024): Global shark fishing mortality still rising despite widespread regulatory change. Science 383, 225-230(2024). https://www.science.org/doi/10.1126/science.adf8984

Yu, H. C. et al. (2025): King Fins. Extensive market survey of cites-listed shark and shark-like batoid fins in sheung wan, the hong kong sar major dried seafood market. https://www.admcf.org/research-admcf/kingfins/

056 | 057 ceta-base (2025): Tracking Taiji. Live Capture & Export Data from Drive Fisheries. Ceta-Base: Online Marine Mammal Inventory. 2025

peta (2025): Fewer Dolphins Killed, but More Bottlenoses Abducted in 2025 in Taiji. https://www.peta.org/news/2025-taiji-dolphin-drive-hunts/

Dolphin Project (2024): Taiji Dolphin Sales are Being Revealed. https://www.dolphinproject.com/blog/taiji-dolphin-sales-are-being-revealed/

058 | 059 Brewer, D., et al. (2006): The impact of turtle excluder devices and bycatch reduction devices on diverse tropical marine communities in Australia's northern prawn trawl fishery. Fisheries Research. Volume 81, Issues 2–3, November 2006, 176–188

Haine, O. S., Garvey, J. R. (2005): Northern Prawn Fishery Data Summary 2005. Logbook Program, Australian Fisheries Management Authority. http://www.afma.gov.au/wp-content/uploads/2010/06/NPF-Data-Summary-2005-2.pdf?afba77

Lewison, R. L., et al. (2014): Global patterns of marine mammal, seabird, and sea turtle bycatch reveal taxa-specific and cumulative megafauna hotspots. PNAS, 2014 Apr 8; 111(14): 5271–5276. http://www.ncbi.nlm.nih.gov/pmc/articles/PMC3986184

State of the World's Sea Turtles (SWOT) (2025): Threats to Sea Turtles. https://www.seaturtlestatus.org/threats-to-turtles

Consortium for Wildlife Bycatch Reduction (CWBR) (2017). http://www.bycatch.org

060 – 063 Maribus (2013): World Ocean Review 2, Die Zukunft der Fische – die Fischerei der Zukunft. http://worldoceanreview.com

FAO (2024): The State of World Fisheries and Aquaculture 2024 – Blue Transformation in action. Rome. https://doi.org/10.4060/cd0683en

064 | 065 Department of Fisheries and Oceans Canada (DFO) (2013): Aquaculture in Canada: Integrated Multi-Trophic Aquaculture (IMTA) http://publications.gc.ca/collections/collection_2013/mpo-dfo/Fs45-4-2013-eng.pdf

Maribus (2013): World Oceand Review 2, Die Zukuft der Fische – die Fischerei der Zukunft.

066 | 067 Agnew, D.J., Pearce, J., Pramod, G., Peatman, T., Watson, R., Beddington, J.R., Pitcher, T.J. (2009): Estimating the Worldwide Extent of Illegal Fishing. PLoS ONE 4(2):e4570. doi:10.1371/journal.pone.0004570

Maribus (2013): World Ocean Review 2, Die Zukunft der Fische – die Fischerei der Zukunft.

UN (2022): New milestone in battle against illegal, unregulated fishing https://news.un.org/en/story/2022/11/1130257

Rodrigue, J. P. (2024):The Geography of Transport Systems. Routledge, New York. https://transportgeography.org/contents/chapter5/maritime-transportation/share-flagged-tonnage/

068 | 069 FAO (2022): Blue Transformation. https://www.fao.org/policy-support/policy-themes/blue-transformation/en

FAO (2025): Illegal, Unreported and Unregulated (IUU) fishing. Agreement on Port State Measures (PSMA). https://www.fao.org/iuu-fishing/international-framework/psma/en

WTO (2025): Fisheries subsidies. https://www.wto.org/english/tratop_e/rulesneg_e/fish_e/fish_e.htm

072 | 073 U.S. Energy Information Administration (EIA) (2024): Oil Market Report. December 2024. IEA Analysis. https://www.iea.org/reports/oil-market-report-december-2024?utm_so

Energy Institute (EI) (2025): Statistical Review of World Energy. https://www.energyinst.org/statistical-review

IRENA (2019): Future of Wind. https://www.irena.org/publications/2019/oct/future-of-wind

IRENA (2025): RENEWABLE ENERGY STATISTICS 2025. https://www.irena.org/Publications/2025/Jul/Renewable-energy-statistics-2025

074 | 075 European Wind Energy Association (EWEA) (2016): Offshore statistics. http://www.ewea.org/statistics/offshore-statistics

Gill, A.B. (2005): Offshore renewable energy. Ecological implications of generating electricity in the coastal zone. Journal of Applied Ecology. http://onlinelibrary.wiley.com/doi/10.1111/j.1365-2664.2005.01060.x/abstract

Global Wind Energy Council (GWEC) (2024): https://www.gwec.net/gwec-news/offshore-wind-installed-capacity-reaches-83-gw-as-new-report-finds-2024-a-record-year-for-construction-and-auctions

James, V. (2013): Marine Renewable Energy: A Global Review of the Extent of Marine Renewable Energy Developments, the Developing Technologies and Possible Conservation Implications for Cetaceans. http://uk.whales.org/sites/default/files/wdc-marine-renewable-energy-report.pdf

Langhamer, O. (2012): Artificial Reef Effect in relation to Offshore Renewable Energy Conversion: State of the Art. The Scientific World Journal Volume 2012. http://dx.doi.org/10.1100/2012/386713

Wahlberg, M., Westerberg, H. (2005): Hearing in fish and their reactions to sounds from offshore wind farms. Marine Ecology Progress Series, vol. 288. http://www.int-res.com/abstracts/meps/v288/p295-309

Zeiler, M. et al. (2005): Offshore-Windparks in der ausschließlichen Wirtschaftszone von Nord- und Ostsee. Promet, Jahrg. 31, Nr. 1. http://www.bsh.de/de/Meeresnutzung/Wirtschaft/Windparks/Windparks/Literatur/Genehmigungsverfahren_fuer_Offshore-Windparks.pdf

076 | 077 World Energy Council (WEC) (2013): 2013 Survey of Energy Resources. https://www.worldenergy.org/publications/2013/world-energy-resources-2013-survey

Ocean Energy Systems (OES) (2014): 2014 Annual Report. Implementing Agreement on Ocean Energy Systems. https://report2014.ocean-energy-systems.org

078 | 079 GEOMAR (2016): Massivsulfide – Rohstoffe aus der Tiefsee. http://www.geomar.de/fileadmin/content/service/presse/public-pubs/massivsulfide_2016_de_web.pdf

Maribus (2014): World Ocean Review 3. Rohstoffe aus dem Meer – Chancen und Risiken. http://worldoceanreview.com

Rona, P.A. (2003): Resources of the sea floor. Science. http://science.sciencemag.org/content/299/5607/673

Umweltbundesamt (UBA) (2013): Tiefseebergbau und andere Nutzungsarten der Tiefsee. http://www.umweltbundesamt.de/themen/wasser/gewaesser/meere/nutzung-belastungen/tiefseebergbau-andere-nutzungsarten-der-tiefsee

United Nations Environmental Programme (UNEP) (2013): Wealth in the Oceans: Deep sea mining on the horizon? UNEP Global Environmental Alter Service. http://www.unep.org/geas

080 | 081 Bundesanstalt für Geowissenschaften und Rohstoffe (BGR) (2015): Abbau-/Fördertechnik Massivsulfide und Manganknollen

Deepsea Conservation Coalition (DCC) (2025): https://deep-sea-conservation.org/solutions/no-deep-sea-mining/

Devold, H. (2013): Oil and gas production handbook. An introduction to oil and gas production, transport, refining and petrochemical industry. http://resourcelists.rgu.ac.uk/items/6D0FE355-9C5F-56B1-3D6C-CD82B8041428.html
International Seabed Authority (ISA) (2025): Exploration Contracts. https://www.isa.org.jm/exploration-contracts/

Maribus (2014): World Ocean Review 3. Rohstoffe aus dem Meer – Chancen und Risiken.

082 | 083 Kommission der Europäischen Gemeinschaften, Statistisches Amt (KEG) (1970): Der Seeverkehr der Länder der Gemeinschaft. 1955, 1960 und 1967 – Eine statistische Studie, Brüssel-Luxemburg, Mai 1970

NABU (2014): Luftschadstoffemissionen von Containerschiffen. Hintergrundpapier. https://www.nabu.de/imperia/md/content/nabude/verkehr/140623-nabu-hintergrundpapier_containerschifftransporte.pdf

UNCTAD (2025): 45 years of merchant fleets. https://unctad-infovis.github.io/2024-merchant_fleet/

UNCTAD (2024): Maritime and other transport. Data insights. https://unctadstat.unctad.org/insights/theme/108

084 | 085 Marine Traffic (2025): Live map. http://www.marinetraffic.com

Mueller et al. (2023): Health impact assessments of shipping and port-sourced air pollution on a global scale: A scoping literature review https://www.sciencedirect.com/science/article/pii/S001393512201787X

086 | 087 Dorey, C. (2022): What is seismic blasting? Australian Marine Conservation Society. https://www.marineconservation.org.au/what-is-seismic-blasting/

Jasny, M., et al. (2005): Sounding the Depths II: The rising toll of sonar, shipping and industrial ocean noise on marine life. Natural Resources Defense Council. http://www.nrdc.org/wildlife/marine/sound/contents.asp

Nowacek, S. M., et al. (2001): Short-term effects of boat traffic on bottlenose dolphins, tursiops truncatus, in Sarasota Bay, Florida, Marine Mammal Science, 17(4):673-688 (October 2001)

Pine, M. K., et al. (2021): A Gulf in lockdown: How an enforced ban on recreational vessels increased dolphin and fish communication ranges. Global Change Biology, 27(19), 4839-4848. https://doi.org/10.1111/gcb.15798

Schorr, G.S., Falcone, E.A., Moretti, D.J., Andrews, R.D. (2014): First Long-Term Behavioral Records from Cuvier's Beaked Whales (Ziphiuscavirostris) Reveal Record-Breaking Dives. PLoS One. 2014; 9(3): e92633. doi: 10.1371/journal.pone.0092633

Veirs, S., Veirs, V., Wood, J.D. (2016): Ship noise extends to frequencies used for echolocation by endangered killer whales. PeerJ 4:e1657. https://doi.org/10.7717/peerj.1657

088 | 089 Andrulewicz, E., Napierska, D., Otremba, Z. (2003): The environmental effects of the installation and functioning of the submarine SwePol Link HVDC transmission line. A case study of the Polish Marine Area of the Baltic Sea. Journal of Sea Research. http://www.sciencedirect.com/science/article/pii/S1385110103000200

TeleGeography (TG) (2016): Submarine Cable Map. Global Bandwidth Research Service. http://www.submarinecablemap.com

Starosielski, N. (2015): The Undersea Network. Duke University Press. https://www.dukeupress.edu/the-undersea-network

International Cable Protection Committee (ICPC) (2025): https://www.iscpc.org

090 | 091 EU-Umweltbüro (2022): EU-Kommission beschließt Algenstrategie. https://www.eu-umweltbuero.at/inhalt/eu-kommission-beschliesst-algenstrategie

Marine Pharmacology (2025): Approved Marine Drugs. https://www.marinepharmacology.org/approved

UNCTAD (2025): Fast growing trillion dollar ocean economy goes beyond fishing and shipping. https://unctad.org/news/fast-growing-trillion-dollar-ocean-economy-goes-beyond-fishing-and-shipping

World Economic Forum (WEF) (2023): Why the travel and tourism industry should care about the state of the ocean. https://www.weforum.org/stories/2023/10/why-the-tourism-industry-should-care-about-the-state-of-the-ocean/

Zhivkoplias, E., et al. (2024): Growing prominence of deep-sea life in marine bioprospecting. https://www.nature.com/articles/s41893-024-01392-w

094 | 095 Centre for Science and Environment (CSE) (2013): 7th State of India's Environment Report: Excreta Matters. http://cseindia.org/content/excreta-matters-0

United States Environmental Protection Agency (EPA) (2012): Municipal Solid Waste Generation, Recycling, and Disposal in the United States: Facts and Figures for 2012. https://archive.epa.gov/epawaste/nonhaz/municipal/web/html

Klein, R.A. (2009): Getting a Grip on Cruise Ship Pollution. http://www.foe.org/projects/oceans-and-forests/cruise-ships

Maribus (2010): World Ocean Review 1 – Mit den Meeren leben. http://worldoceanreview.com

Paruta et al. (2022): Plastic Paints the Environment. Environmental Action, Schweiz. https://www.e-a.earth/wp-content/uploads/2023/07/plastic-paint-the-environment.pdf

Umweltbundesamt (UBA) (2015): Quellen für Mikroplastik mit Relevanz für den Meeresschutz in Deutschland. https://www.umweltbundesamt.de/sites/default/files/medien/378/publikationen/texte_63_2015_quellen_fuer_mikroplastik_mit_relevanz_fuer_den_meeresschutz_1.pdf

096 | 097 Dokl et al. (2024): Global projections of plastic use, end-of-life fate and potential changes in consumption, reduction, recycling and replacement with bioplastics to 2050. https://www.sciencedirect.com/science/article/pii/S2352550924002823#f0010

Plastics Europe (PE) (2016): Plastics. The Facts 2016. An analysis of European plastics production, demand and waste data. http://www.plasticseurope.org/documents/document/20161014113313-plastics_the_facts_2016_final_version.pdf

Schlining, K., et al. (2013): Debris in the deep: Using a 22-year video annotation database to survey marine litter in Monterey Canyon, Central California, USA. Monterey Bay Aquarium Research Institute (MBARI)

Subba Reddy, M., et al. (2014): Effect of Plastic Pollution on Environment. Department of Chemistry, S.B.V.R. Aided Degree College, badvel, Kadapa-516227, India. Journal of Chemical and Pharmaceutical Sciences

United Nations Environment Programme (UNEP) (2005): Marine Litter. An Analytical Overview. http://www.unep.org/regionalseas/marinelitter/publications/docs/anl_oview.pdf

United Nations Environment Programme (UNEP) (2015): The Plastics Disclosure Project. http://www.plasticdisclosure.org/about/why-pdp.html

098 | 099 International Pacific Research Center (IPRC) (2008): Tracking Ocean Debris. IPRC Climate. Newsletter of the International Pacific Research Center. vol. 8, no. 2. http://iprc.soest.hawaii.edu/newsletters/iprc_climate_vol8_no2.pdf

OECD (2022): Global Plastics Outlook. https://www.oecd-ilibrary.org/environment/global-plastics-outlook_de747aef-en

World Economic Forum (WEF) (2016): The New Plastics Economy. Rethinking the future of plastics

100 | 101 Eriksen, M., et al. (2014): Plastic Pollution in the World's Oceans: More than 5 Trillion Plastic Pieces Weighing over 250,000 Tons Afloat at Sea. PLoS ONE 9(12): e111913. doi:10.1371/journal.pone.0111913

Greenpeace (GP) (2007): Plastic Debris in the World's Oceans. http://www.greenpeace.org/international/Global/international/planet-2/report/2007/8/plastic_ocean_report.pdf

Moore, C. J., Moore, S.L., Leecaster, L.K., Weisberg, S.B. (2001): A Comparison of Plastic and Plakton in the North Pacific Central Gyre. Marine Bulletin 42 (12) 1297-1300. http://www.sciencedirect.com/science/article/pii/S0025326X0100114X

Ocean Conservancy, International Coastel Cleanup (ICC) (2010): Trash Travels. http://act.oceanconservancy.org/images/2010ICCReportRelease_pressPhotos/2010_ICC_Report.pdf

Maribus (2010): World Ocean Review – Mit den Meeren leben. http://worldoceanreview.com

United Nations Environment Programme (UNEP) (2005): Marine Litter. An Analytical Overview. http://www.cep.unep.org/content/about-cep/amep/marine-litter-an-analytical-overview/view

102 | 103 International Pellet Watch (IPW) (2015): Global Pollution Map. Global Monitoring of Persistent Organic Pollutants (POPs) using Beached Plastic Resin Pellets. http://www.pelletwatch.org/gmap/

Rios, L.M., Moore, C. (2007): Persistent organic pollutants carried by synthetic polymers in the ocean environment. Marine Pollution Bulletin 54 (2007) 1230–1237. University of the Pacific

Van Cauwenberghe L., Janssen C. (2014): Microplastics in bivalves cultured for human consumption. Environmental Pollution, 193, 65-70. DOI: 10.1016/j.envpol.2014.06.010

104 | 105 Bundesamt für Umwelt (BAFU) (2025): PFAS – was ist das? Schweizerische Eidgenossenschaft. https://www.bafu.admin.ch/bafu/de/home/themen/chemikalien/dossiers/pfas-per-und-polyfluorierte-alkylverbindungen.html

Günther, K., Heinke, V., Thiele, B., Kleist, E., Prast, H., Räcker, T. (2002): Endocrine disrupting Nonylphenols are ubiquitous in Food. Environ. Sci. Technol., http://pubs.acs.org/cgi-bin/doilookup?10.1021/es010199v

Rios, L.M., Moore, C. (2007): Persistent organic pollutants carried by synthetic polymers in the ocean environment. Marine Pollution Bulletin 54 (2007) 1230–1237. University of the Pacific

Umweltbundesamt (UBA) (2015): Ermittlung von potentiell POP-haltigen Abfällen und Recyclingstoffen. Ableitung von Grenzwerten. http://www.umweltbundesamt.de/publikationen/ermittlung-von-potentiell-pop-haltigen-abfaellen

Umweltbundesamt (UBA) (2003): Persistent Organic Pollutants – POPs. http://www.umweltbundesamt.de/sites/default/files/medien/publikation/long/2727.pdf

106 | 107 Bearden, D.M., et al. (2007): U.S. Disposal of Chemical Weapons in the Ocean: Background and Issues for Congress

Böttcher, C., et al. (2011): Munitionsbelastung der deutschen Meeresgewässer. Bestandsaufnahme und Empfehlungen Arbeitsgemeinschaft Bund/Länder-Messprogramm für die Meeresumwelt von Nord- und Ostsee. http://www.munition-im-meer.de

Centre of Documentation Research and Experimentation on Accidental Water Pollution (CEDRE) (2016): Munitions dumped at sea. http://wwz.cedre.fr/en/Our-resources/Discharge-at-sea/Munitions-dumped-at-sea

GEOMAR (2025): Removing Munitions from the Sea for Good. Project CAMMera: Methods for Large-Scale Ammunition Clearance. https://www.geomar.de/en/news/article/cammera

James Martin Center for Nonproliferation Studies CNS (2012): Chemical Weapon Munitions Dumped at Sea: An Interactive Map. http://www.nonproliferation.org/chemical-weapon-munitions-dumped-at-sea

Department of Defense (DoD) (2010): Final Investigation Report HI-05. Hawai'i Undersea Military Munitions Assessment (HUMMA). http://64.78.11.86/uxofiles/enclosures/HI5_Final_Investigation_Report_June2010.pdf

OSPAR Commission (2015): Encounters with Chemical and Conventional Munitions 2013. http://www.ospar.org/site/assets/files/7413/assessment_sheet_munitions_2015.pdf

108 | 109 Calmet, D.P. (1989): Ocean disposal of radioactive waste: Status report. International Atomic Energy Agency (IAEA). Bulletin 4/1989

U.S. Department of Energy (DOE) (1994): United States Nuclear Tests: July 1945 through September 1992. Document No. DOE/NV-209

Rossi, V., et al. (2013): Multi-decadal projections of surface and interior pathways of the Fukushima Cesium-137 radioactive plume. Deep Sea Research Part I: Oceanographic Research Papers Volume 80, October 2013, Pages 37–46

Preparatory Commission for the Comprehensive nuclear-test-ban treaty organization (CTBTO) (2017): CTBTO World map. Locations of Nuclear Explosions. http://www.ctbto.org/map/#testing

110 | 111 Kanda (2012): Longterm Sources: To what extent are marine sediments, coastal groundwater, and rivers a source of ongoing contamination? Tokyo University of Marine Science and Technology. 13. Nov. 2012

Madigan, D.J. (2012): Pacific bluefin tuna transport Fukushima-derived radionuclides from Japan to California. PNAS vol. 109 Nr. 24, 12. Juni 2012 http://www.pnas.org/content/109/24/9483.abstract

McIntyre, A., et al. (2010): Life in the World's Oceans. Diversity, Distribution and Abundance. Chapter 15: A View of the Ocean from Pacific Predators. Census of Marine Life Maps and Visualization. Verlag Wiley-Blackwell, Hoboken, New Jersey, USA

National Science Foundation (NSF) (2011): Scientists Assess Radioactivity in the Ocean From Japan Nuclear Power Facility. Press Release 11-258. https://www.nsf.gov/news/news_summ.jsp?cntn_id=122542

Pacchioli, D. (2013): How Is Fukushima's Fallout Affecting Marine Life? Woods Hole Oceanographic Institution. Oceanus Magazine, 2. Mai 2013 http://www.whoi.edu/oceanus/feature/how-is-fukushimas-fallout-affecting-marine-life

Wood Hole Oceanographic Institution (WHOI) (2016): Fukushima Site Still Leaking After Five Years, Research Shows. http://www.whoi.edu/news-release/fukushima-site-still-leaking

112 | 113 Centre of Documentation, Research and Experimentation on Accidental Water Pollution (CEDRE) (2016): Database of spill incidents and threats in waters around the world. http://wwz.cedre.fr/en/Our-resources/Spills

Maribus (2010): World Ocean Review 1 – Mit den Meeren leben. http://worldoceanreview.com

WHOI (2011): Sources of oil in the ocean.

114 | 115 U.S. Fish & Wildlife Service (FWS) (2010): Effects of Oil on Wildlife and Habitat. https://www.fws.gov/home/dhoilspill/pdfs/dhjicfwsoilimpactswildlifefactsheet.pdf

National Oceanographic and Atmospheric Administration (NOAA) (2010): Oil and Sea Turtels. Biology, Planning and Response. http://response.restoration.noaa.gov/sites/default/files/Oil_Sea_Turtles.pdf

Über die Infografikerin und Autorin

Foto: Mira Unkelbach

Wenn Esther Gonstalla nicht gerade in der Natur unterwegs ist, beim Surfen, Wandern, auf Rad- oder Kajaktouren, arbeitet sie als freie Infografikerin und Autorin von Umweltbüchern. Zu ihren Kunden gehören u. a. Universitäten, NGOs, wissenschaftliche Institute und Magazine wie National Geographic Deutschland, Deutsche Meeresstiftung, Brot für die Welt, BUND, Coalition for Fair Fisheries Arrangements (Belgien), Institute for Climate Physics (Südkorea) und University of Hawaii (USA).

Seit Abschluss des Grafikdesignstudiums an der Fachhochschule Münster im Jahr 2009 arbeitet Esther als Freelancerin, dabei hat sie die Freiheit, ihren Arbeitsort zu wechseln, zehn Jahre lang ausgiebig genutzt, indem sie jedes Jahr von einem anderen Land aus arbeitete. Seit 2022 lebt sie mit ihrem Mann an der »Great Ocean Road« im Südosten Australiens.

Das erste Buch dieser Art hat Esther im Jahr 2009 als Diplomarbeit an der Fachhochschule Münster gestaltet und geschrieben: »Das Atombuch – Radioaktive Abfälle und verlorene Atombomben«. Sie wurde dafür mit dem Preis der Stiftung Buchkunst ausgezeichnet für »eines der schönsten deutschen Bücher 2009«. Daraufhin folgte im oekom verlag die Reihe »Unsere Welt in 50 Grafiken«. Den Auftakt machte »Das Ozeanbuch«, danach kam »Das Klimabuch«, »Das Waldbuch« sowie »Das Eisbuch«. Zuletzt erschienen der »Atlas eines bedrohten Planeten« und »Was wäre, wenn – Unsere Welt in verblüffenden Grafiken«.

Portfolio: www.gonstalla.com

Vielen Dank!

Den Menschen die uneigennützig und trotz Zeitmangels mitgeholfen haben dieses Buch möglich zu machen, allen voran den Wissenschaftlern: Prof. Dr. Hartmut Graßl, Prof. Dr. Axel Timmermann, Prof. Dr. Martin Visbeck, Prof. Dr. Mojib Latif, Prof. Dr. Daniel Pauly, Dr. Matthias Schaber, Dr. Malte Stücker, Dr. rer. nat. Sven Petersen und Dr. Marcus Eriksen, für ihre wertvolle Zeit, Hilfe und Feedback. Der Meeresstiftung und besonders Frank Schweikert für die fachliche Unterstützung, dem oekom verlag und vor allem Laura Kohlrausch für Ihren unermüdlichen Einsatz, außerdem Edda Fahrenhorst für ihren kritischen Blick auf meine ersten Texte.

Vielen Dank auch den zahlreichen Unterstützern der ersten Stunde auf oekom-crowd.de, die durch ihre Unterstützung das Thema Meeresschutz auf die Agenda setzen:

Uwe Jungfer
Janine Gaumer
Daniel Drubig
Sylvia Schoop-Gruber
Johanna Stumpner
Juliane Salewski
Werner Gruban
Axel Schreiner
Christine Röger
Dirk Fleischer
Petar Klingel
GET CHANGED!
Anna Simon
Matthias Gallati
Ute Thiemke
Stefanie Sudhaus
Heiko Apel
Diana Sniegon
Martin Boelter
Stefan Rahmstorf
Robin Meyer
Dr. Klaus Amon
Michael Heuer
Christian Günther
Mona Knorr
Frederik Heß
Isa Schurian Radloff
Valerie Schäfers
Herbert Völkle
Tanja Lämmermann
Gerd Bruno Inkermann
Sebastian Fuhrmann
Monika Kutzia
Martin Visbeck
Marian Mattheis
Mareike Cohrs
Camille Beunèche
Nikolay Georgiev
M. von Dufving
Christian Fuhrmann
Axel Häusler
Tobias Mickler
Stephan Wantzen